모든 이가
스승이고,
모든 곳이
학교다

우리 시대 멘토 11인의
평생 공부 이야기

모든 이가 스승이고, 모든 곳이 학교다

신영복 • 김신일 • 김우창 • 최재천 • 박재동 • 홍세화 •
김제동 • 채현국 • 박영숙 • 조은 • 조한혜정

서울시평생교육진흥원이 기획하고
김영철이 만나 이야기 나누다

창비교
ChangbiEdu

우리가 만난 오늘의 스승들

이 책은 서울시평생교육진흥원이 매월 발행하는 웹진『다들』이 '우리 시대의 스승' 격으로 만난 열한 분의 인터뷰 내용을 모은 것이다. 그런데 막상 이분들의 말을 책으로 엮어 세상에 내보내려니, 故 신영복 선생의 말씀이 못내 마음에 걸린다. 선생이 돌아가시기 직전에 진행되어 결국 선생의 생전 마지막 인터뷰가 된『다들』과의 만남에서 "우리 시대의 스승, 우리 당대의 사표는 어떤 사람이어야 합니까?"라는 질문에 선생은 이렇게 대답했다.

"원래 '스승' 혹은 '사표'는 당대 사회에는 없는 법입니다. 당대에는 개인적인 이해관계나 계급의 이해관계, 혹은 집단 간의 갈등, 모순이 존재하기 때문이지요. 다산 정약용도 당대에는 전혀 사표가 아니었어요. 연암 박지원도 마찬가지고요. 정약용 같은 사람이 역사에 실존했었다는 게 우리에게 큰 자산이고 교훈이지만 다산도 당대에는 그냥 죄인이었거든요. 사표와 스승은 세월이 흐른 뒤에야 그 모습을 드러내기 마련입니다."

시간적 간격을 두고 평가해야 어떤 사람이 스승이 될 수 있는지, 누가 사표의 자격이 있는지 드러난다는 말이었는데, 그는 여기서 한 걸음 더 나아가 한 특정 개인에게서 전인격적 사표를 찾지 말라면서 이렇게 덧붙였다.

"집단 지성이 한결 중요하지요. 여러 사람의 생각을 모아 하나의 종합적인 지혜를 만들어 가는 것, 함께 공부하는 평생학습의 가장 뛰어난 점이 바로 그것 아닙니까? 함께 공부하고 더불어 학습하는 사람들이 서로의 벗이며 스승이 될 수 있다는 모델을 만들어야 합니다. 이런 과정을 통해 집단 지성이 표출되면 그게 바로 우리 시대의 진정한 사표가 되는 것이지요. 중국 명나라 때 이런 얘기가 있습니다. '친구가 되지 못하는 사람은 스승이 될 수 없고, 스승이 될 수 없는 사람은 친구가 되지 못한다.'"

선생의 엄격한 잣대를 그대로 적용하자면 이 책에 모신 열한 분 역시 세월이 흐르고 역사의 평가를 받은 후에야 우리 시대의 진정한 스승인지 아닌지를 판별할 수 있을 것이다. 열한 분 각자가 우리 사회 여러 영역에서 뚜렷한 성취를 이루었고 그들의 주장과 행동이 많은 사람들의 공감을 얻었다 하더라도, 이분들 역시 '당대'라는 시간적 제약과 '2010년대의 대한민국'이라는 역사적 맥락에서 자유롭지 못한 까닭이다.

이런 제약과 한계에도 불구하고 이분들의 말을 엮어『모든 이가 스승이고, 모든 곳이 학교다—우리 시대 멘토 11인의 평생 공부 이야기』라는 다소 거창한 제목으로 책을 내는 데는 그 나름의 이유가 없지 않다.

우선, 여기 모신 분들은 동시대의 많은 사람들과 소통하고 공감하는 가운데 우리 사회 공통의 과제와 당면 현안을 고통스럽게 끌어안았다. 그리고 그 해결책과 극복 방안을 모색하기 위해 치열한 자기 헌신을 거듭해 오고 있다. 이런 점에서 이분들의 말과 생각은 집단 지성 그 자체에는 미치지 못할 수도 있겠지만, 우리 사회 대다수 사람들의 집합적 이성과 집단적 감성에 상당히 근접해 있으리라 믿는다. 또한 이들 한 분 한 분은 특정한 영역에서 일가를 이뤘으면서도 자신의 전문 분야만을 고집하지 않았다. 이분들이 여러 주변 영역과의 통섭, 융합을 시도하며 공동체의 가치와 개인의 이해를 전체적 관점에서 아우르려 했다는 점도 이분들의 '평생 공부 이야기'를 귀담아 들을 이유다.

서울시평생교육진흥원이 출범하며 초대 원장으로 부임한 뒤 반 년쯤 지났을 때니, 지난 2015년 가을 무렵이다. 함께 일하는 동료들에게 '평생학습의 대중화'를 역설하며 웹진 창간의 필요성을 거론했다. 일반 시민들이 공감하거나 체감하지 못하는 정책과 사업은 무의미하므로 평생교육진흥원과 바깥의 시민을 연결하는 창문을 하나 내고자 한 것이다.

이에 정책·홍보팀의 논의가 시작됐고, 가장 먼저 『다들』이라는 웹진의 이름이 탄생했다. '서울 시민 모두 다에게 정보의 넓은 들판을

제공하겠다'는 결심에 '다들 힘을 모아 좋은 잡지를 만들자'는 의욕
이 더해진 이름이었다. 곧이어 창간호의 기획과 취재, 제작이 시작됐
다. 창간 과정에 대한 편집팀의 노고에 응답한다며 멘토 인터뷰를 직
접 진행하겠다는 '과욕'을 부렸고, 이 '과욕'이 결국 이 책의 출간으
로 이어진 셈이다.

　인터뷰이 섭외부터 시작해서 각종 어려운 일을 도맡아 온 김혜영
정책·홍보팀장의 수고가 남달랐다. 황미연 과장과 신다영 주임의 기
여도 특별했다. 『다들』이 맵시 있는 디자인으로 눈길을 끈 것은 전아
림 주임 덕이다. 이근원 기자의 사진과 이유정 작가의 정리는 인터뷰
를 더욱 돋보이게 했다. 지금도 계속되고 있는 멘토 인터뷰가 누군가
에게 의미 있는 울림을 주고 있다면 그건 이들이 다들 선선히 힘을
보탰기 때문일 것이다.

2017년 8월 서울시평생교육진흥원 원장 김영철

차례

신영복

1941~2016. 경남 밀양에서 태어나 서울대학교 경제학과 및 동 대학원 경제학과를 졸업했다. 숙명여자대학교 경제학과 강사를 거쳐 육군사관학교 경제학과 교관으로 있던 중 1968년 통일혁명당 사건으로 구속되어 무기 징역을 선고받았다. 복역한 지 20년 20일 만인 1988년 8월 15일 특별 가석방으로 출소했다. 1989년부터 성공회대학교에서 강의했으며, 출소한 지 10년 만인 1998년에 사면 복권되었다. 1998년 성공회대학교 교수로 임용되었으며, 2006년에 정년 퇴임했다가 2010년부터 석좌교수로 재직하였다. 시대의 참스승으로 많은 사람들의 귀감을 샀다. 저서로 『감옥으로부터의 사색』, 『나무야 나무야』, 『더불어 숲』, 『강의』, 『담론』 등이 있다.

모든 이가 스승이고,
모든 곳이 학교다

신영복　　　모든 이가 스승이고,
　：　　　모든 곳이 학교다

"세상에, 서울 도심 한복판에 이렇게 예쁘고 고즈넉한 공간이 있었다
니……." 신영복 선생이 인터뷰 장소로 정해 준 서울 정동 대한성공회 대
성당 뜨락에 막 들어섰을 때, 일행 사이에서 작은 탄성이 터져 나왔다.
선생의 안내로 성당 뒤편으로 들어서자 한옥으로 단아하게 지어진 사제
관과 잘 가꾸어진 앞마당이 모습을 드러냈다. 가을을 재촉하는 가랑비가
오랜 가뭄으로 푸석해진 마당을 적시던 2015년 10월 26일 저녁, 사제관
을 둘러싼 로마네스크 양식의 성당 건축물들 사이로 옅은 어둠이 스며
들었다. 어둠 때문이었을까? 이국풍의 주변 건축물들이 전통 한옥과 기
묘한 조화를 이루고 있었다.

　사제관과 마주하고 있는 성가수녀원 건물 1층 휴게실에서 신영복 선
생과 마주 앉았다. 성공회대 인문학습원이 주 1회 강의실로 쓰는 건물이
다. 선생은 인문학습원 초대 원장으로 5년 넘게 일하다 2013년 같은 대
학 신문방송학과 김창남 교수에게 원장 자리를 물려주었다. 항암 치료
탓인지 조금 수척한 모습의 그였지만, 1시간 넘게 진행된 인터뷰 내내
선생은 특유의 소년 같은 맑은 미소를 잃지 않았다.

지난해 암 판정받아,
수술 불가능하나 담담한 심정

병마와 싸우고 계시다는 사실이 알려지면서 많은 분들이 걱정하고 있습니다. 어디가 편찮으시고, 최근 병세는 어떠신지요?

신영복   지난해 가을에 암 판정을 받았습니다. 이미 그때 여러 군데 전이가 되어 수술이 불가능한 상태라고 하더군요. 의사인 후배 교수 두 분이 아주 헌신적으로 보살펴 주고 있습니다. 지금은 중증 암 환자를 대상으로 한 임상 실험 프로그램에 들어가 집중 치료를 받고 있고요.

어떤 암인지, 여쭤봐도 될까요?

신영복   흑색종암이라고요, 햇빛이 귀한 지역에서 발생하는 암이라고 하더군요. 햇빛을 오래 못 받으면 걸릴 수 있다는 거지요. 통상적으로는 잘 발병을 안 한대요.

혹시 감옥 생활, 특히 독방에 오래 계시면서 햇빛을 잘 못 받아 그런 것 아닐까요? 최근 상태는 어떠십니까?

신영복   임상 실험 프로그램을 시작한 뒤에는 한동안 많이 좋아졌습니다. 그런데 7~8개월 지나고 약에 대한 내성이 생기면서 다시 조금 안 좋아지고 있네요. 지금은 다른 치료법으로 바꾸는 문제를 고민하고 있습니다.

많은 분들이 빠른 호전을 간절히 기대하고 있습니다. 마음 굳게 잡수시고 투병 생활 잘하시길 바랍니다.

<u>신영복</u>　　하도 고비를 많이 넘긴 사람이라, 가족들이나 가까운 사람들 가운데서도 내가 제일 담담합니다.

책 많이 읽는 것 중요하지 않아,
삶 속에서 깨닫는 능력이 우선

몇 년 전 방송인 김제동 씨와 했던 인터뷰에서 20년의 감옥 생활을 견딘 힘이 "깨달음"이라고 하셨더군요. "하루하루 찾아오는 깨달음"이라고요. 선생님이 생각하시는 깨달음은 어떤 것이기에 그리 큰 힘이 되었습니까?

<u>신영복</u>　　깨달음은 바깥으로는 세상에 대한 새로운 각성이고, 안으로는 자기 자신에 대한 새로운 성찰입니다. 잘 생각해 보면 이런 깨달음이란 게 우리가 느끼는 가장 깊이 있는 행복이지요. 감옥에 가니까 일반수들이 저한테 무기수가 무슨 책을 그렇게 열심히, 많이 보냐고 물어요. 그 사람들한테는 징역 만기 날짜를 기다리는 게 생활의 전부입니다. 돌멩이로 벽에 달력을 그려 놓고는 하루 지나가면 금 하나 긋고 또 하루 지나면 다시 하나 긋고, 그런 식이지요. 오늘이란 게 빨리 지나갔으면 하는 바람 하나로 살아가는 겁니다. 나중에는 그것도

지루하니까 오전에 금 하나 긋고, 오후에 거기에 반대 방향으로 다시 금을 그어서 X 자를 그리기도 하고요.

무기수는 사정이 다른가요?

<u>신영복</u>   많이 다릅니다. 무기수는 하루가 빨리 간다고 별로 좋을 게 없잖아요? 다만 오늘 하루가 보람 있는 날이 되어야 한다는 생각뿐이지요. 그 보람이란 게 사람마다 다 다르긴 하지만 제 경우는 세계에 대한 깨달음을 얻고 인간에 대한 성찰을 하면서 스스로가 아주 새롭게 변하는 걸 경험했습니다. 기약 없는 세월 속에서 유일한 보람이었지요.

바로 그 보람이 감옥 생활을 견디는 힘이었다는 말씀이군요.

<u>신영복</u>   그렇습니다. 에르되시 팔이라는 헝가리 수학자가 있었어요. 세계적인 수학자인데, 그 사람이 죽기 전에 이렇게 묘비명을 써 놓았답니다. "마침내 나는 더 이상 어리석어지지 않는다." 하루하루 깨달아 가면 모르는 게 더 많아지거든요. 점점 깨달을수록 어리석어진다는 말이 실감 나게 됩니다. 그런데 죽으면 더 이상 어리석어지지 않는다는 얘기를 그런 식으로 한 것이지요. 이 무한한 우주에 대해 우리가 알 수 있는 건 아주 미미하다는 표현이기도 하고, 공부하고 성찰할 게 엄청나게 많다는 얘기이기도 합니다. 바로 이런 깨달음이 기약 없는 무기 징역을 견디는 힘이었지요.

방금 말씀하신 것들은 감옥에서 읽은 책들의 영향인가요?

<u>신영복</u>   나는 감옥에서 책을 몇 권 읽고 나왔다, 뭐 이런 얘기를 단한 번도 한 적이 없어요. 책이 중요하지 않고, 많이 읽는 것도 중요하지 않습니다. 자기의 삶 속에서 스스로 깨달을 수 있는 자기 재구성능력이 훨씬 중요하지요. 감옥에서는 전혀 예상치도 않게, 자기와는전혀 인연이 없는 사람들, 밖에 있으면 도저히 만날 수 없는 그런 사람들과 만나게 되지요. 수많은 사람들의, 엄청 많은 사연들을 접하게됩니다. 하루하루가 팔만대장경이지요. 기상 한 시간 전인 새벽에, 옆사람 깨지 않게 무 뽑듯이 몸을 뽑아서 벽에 기대면 냉기가 온몸에확 퍼집니다. 몸서리가 쳐지고 정신이 깨어나지요. 바로 그 시간에 어제 많은 사람들에게 들었던 팔만대장경 같은 수평적 사연들을 수직화하는 작업을 합니다. 깨닫는다는 것은 다양한 수평적 정보들을 수직화하는 능력을 필요로 하지요. 절대로 많은 정보를 얻는다고 깨닫게 되는 게 아니거든요. 오히려 혼란만 더하지요. 그 많은 정보를 수직화해서 자기 것으로 만들고, 자기 인식을 심화하면서 재구성 능력을 높여 가는 게 바로 공부이고 학습입니다.

지식을 넓히기보다
생각을 높이려 안간힘 썼다

'공부', '학습', 이런 말이 나온 김에 여쭙겠습니다. 최근 들어 '평생교육', '평생학습', 이 두 말이 마구 뒤섞여 쓰이고 있습니다. 'lifelong education'과 'lifelong learning'을 혼동해서 사용하는 셈이지요. '교육'이 일방적이고 강압적인 성격이 강한 반면, '학습'은 자발적이고 상호 소통적인 측면이 강한 것 같아 서울시평생교육진흥원을 설립할 때 '평생학습진흥원'이 더 맞는 게 아닌가 싶었습니다. 그래서 교육부에 유권 해석을 의뢰했는데, 법적 용어가 '평생교육'으로 되어 있으니 '평생교육진흥원'이라고 해야 한다는 거예요. 공공 영역으로 갈수록 '평생교육'이란 표현을 많이 쓰는 편이고, 민간이나 현장 쪽에서는 '평생학습'이란 말을 흔히 사용하는 것 같습니다. '교육'과 '학습', 의미상 명료한 구분이 가능합니까?

신영복　　확연히 다른 말이지요. 『논어』 첫 구절이 "學而時習之(학이시습지)"입니다. 여기서 '習'을 '復習(복습)'의 뜻으로 이해하면 안 됩니다. '習' 자를 보면 '羽(날개 우)' 자 두 개 밑에 '白(흰 백)' 자가 있지요? 부리가 하얀 어린 참새가 바깥의 엄마 도움을 받아 막 날려고 한다는 뜻입니다. 바로 '실천'을 의미하지요. 이 구절에서 '時'도 '자주' 혹은 '때때로'라는 의미라기보다 '적절한 시기, 여러 조건이 성숙한, 딱 맞는 때'라고 해석하는 게 옳습니다. 이렇게 풀이하면 "學而時習之 不亦說乎(학이시습지 불역열호)"라는 구절은 우리가 흔히 아는 "배우고 때로 익히면 또한 즐겁지 아니한가?"라는 풀이보다 "주·객관적 조건이 무르익었을 때 실천하는 게 어찌 즐겁지 않을 수 있겠는가?"라고 해석하는 게 맞습니다.

결국 실천의 문제라는 말씀이군요.

신영복　　그렇습니다. 단순히 배우기만 한다고 기쁜 게 아니라 어떤 형태로든지 개인적, 사회적 실천과 연결이 되어야 진정한 공부라는 거지요. 그래야 참된 기쁨이기도 하고요. 그런 맥락에서 '교육'보다 '학습'이 실천의 의미를 더 많이 함축하는 것이고, 우리가 추구하는 참된 공부이기도 합니다.

인터뷰가 꽤 오랜 시간 지속되는데도 선생의 표정에는 지친 기색이 없었다. 말은 명료했고, 말씨는 부드러웠다. 선생의 부드럽고 나지막한 말씨에 실려 온 덕일까? 딱딱하고 낯선 개념어들도 편안하고 쉽게 다가왔다. 하지만 '실천'과 '성찰'을 강조할 때에는 선생의 어조에서 힘이 느껴졌고, 표정에도 단호함이 묻어났다.

<u>신영복</u>   감옥에 있을 때, 결코 많은 책을 읽으려 하지 않았습니다. 일체의 실천이 배제된 조건 아래서 책을 읽기보다 차라리 책을 덮고 읽은 바를 되새기려고 했지요. 지식을 넓히기보다 생각을 높이려고 안간힘을 썼습니다.

무작정 읽기, 목표 없는 지식 쌓기보다 읽은 것, 쌓은 것을 자기 것으로 소화하고 내면화하는 게 참다운 공부, 즉 '학습'이라는 말씀이군요.

<u>신영복</u>   그렇습니다. 교육은 그야말로 어떤 대상을 일방적으로 키워 낸다는 의미가 강한 것이고요.

참된 공부는
가슴에서 발까지의 여행

감옥을 대학으로, 감옥살이할 때를 '나의 대학 시절'로 표현하면서 그 안에서 참으로 많은 걸 배우고 깨우쳤다고 하셨습니다. 영락없는 '평생학습의 원조'인 셈인데요, '원조' 입장에서 (웃음) 우리나라 평생학습이 궁극적으로 지향해야 할 목표랄까 가치는 무엇이라고 보십니까?

<u>신영복</u> '공부(工夫)'의 '工' 자가 '장인 공, 물건을 만드는 사람'을 뜻하는데, 하늘과 땅을 연결해서 통합적으로 인식한다는 뜻이 들어 있습니다. '夫' 자에서는 하늘과 땅을 연결하고 통합하는 주체가 사람으로 되어 있고요. 갑골문에는 호미 같은 게 '工' 자이고, '夫' 자는 사람으로 표식되어 있습니다. 사람이 농기구를 가지고 생산한다는 의미이지요. 결국 참된 공부는 사람이라는 주체가 먹고살기 위해서 하는 거라는 뜻입니다. 근대적 세계관에는 세계가 주체인 나와 관계없이 객관적으로 존재한다는 인식이 있는데, 그건 잘못된 겁니다. 그런 세계는 없어요. 나라는 주체가 먼저 존재한 뒤 세계와 관계를 맺음으로써만 세계가 재구성되는 것이지요. '천지인(天地人)', 그러니까 하늘과 땅과 사람이 서로 통합되어야 참된 공부가 되는 것입니다. 여기서 '天'은 진리를 뜻하는 '眞(진)'이고, '地'는 모든 걸 길러 내는 땅으로 '善(선)'에 해당됩니다. 이 두 개를 조화시키는 '사람[人]'의 주체적인 능력이 '美(미)'고요. 이렇게 진선미를 통합하는 게 진정한 공부입니다.

『담론』에서 공부에 대해 언급하면서 "공부는 머리가 아니라 가슴으로 하는 것이다. 더 나아가 가슴에서 끝나는 여행이 아니라 가슴에서 발까지의 여행이다." 이렇게 말씀하셨지요? 이 대목 역시 실천의 의미를 강조하신 겁니까?

신영복   머리로 이해하는 게 소위 말하는 합리주의적 사고입니다. 그린 공부는 텍스트에 밑줄 치고 암기하면서 하는 건데 크게 어렵지 않아요. 가슴까지 와야 한다는 건 공부 대상에 대한 공감과 애정으로 나아가야 진정한 공부라는 뜻입니다. 처음 5~6년 감옥살이할 때 함께 징역 사는 숱한 사람들로부터 수많은 얘기를 들으면서 그 사람들을 대상화하거나 분석하곤 했지요. 그러다 차츰 '아, 나도 저 사람 부모 같은 사람 만나 저런 인생 역정을 거쳤으면 똑같은 죄명으로 감옥에 앉아 있었겠구나.' 하는 생각이 들더라고요. 대상화하고 분석하는 근대적 인식 틀이 조금씩 깨져 나갔던 것이지요. 그 사람들과의 공감과 애정, 이런 게 생기면서 내 공부가 가슴까지 온 것입니다. 스스로 대단한 발전이라고 여겼지요.

그런데 여기서 한 걸음 더 나가야 합니다. 『담론』에도 썼듯이, 감옥에서 집을 그리는데, 책을 읽으며 머리로만 공부했던 나는 지붕부터 그려 나간 반면, 같이 징역을 살았던 목수 노인은 집을 짓는 순서 그대로 주춧돌부터 그리더군요. 바로 여기에 중요한 점이 있습니다. 이 대목에서 노인더러 "당신은 주춧돌부터 그리세요, 나는 지붕부터 그립니다." 하면서 "우리 사이의 차이와 다양성을 승인하고 평화롭게 공존하자." 이렇게 말할 수 있지요. 그럴 듯한데, 이건 말이 안 되는 소리입니다. 서구 근대 사회가 도달한 최고의 윤리가 공존과 똘레랑스(tolérance)인데, 똘레랑스에는 강자의 패권적 사고가 스며 있습니다. 차이와 다양성을 인정하고 공존을 승인할 것이 아니라 이 차이를 정확하게 인식해서 자기 변화의 계기를 만들어야 합니다. 차이란 것은 자기 변화의 교본입니다. 이런 변화를 위한 실천으로까지 나아가야 진정한 공부라는 겁니다. 그래서 참된 공부는 가슴에서 발까지의 여행이라고 했던 것이지요.

당대에는 스승이나 사표 없어, 우리 시대의 스승은 '집단 지성'

"스승이란 단지 정보만 전달하는 사람이 아니다. 스승은 비판적 창조자여야 한다."라는 말씀도 하셨지요? 우리 시대의 스승, 우리 당대의 사표(師表)는 어떤 사람이어야 합니까?

신영복　원래 '스승' 혹은 '사표'는 당대 사회에는 없는 법입니다. 당대에는 개인적인 이해관계나 계급의 이해관계, 혹은 집단 간의 갈등, 모순이 존재하기 때문이지요. 다산 정약용도 당대에는 전혀 사표가 아니었어요. 연암 박지원도 마찬가지고요. 정약용 같은 사람이 역사에 실존했었다는 게 우리에게 큰 자산이고 교훈이지만 다산도 당대에는 그냥 죄인이었거든요. 사표와 스승은 세월이 흐른 뒤에야 그 모습을 드러내기 마련입니다.

그래도 많은 사람들은 훌륭한 개인이 우리 시대의 스승 혹은 사표가 되어서 길을 밝혀 주길 바라는데요.

신영복　개인에게서 전인격적인 사표를 찾으면 안 됩니다. 그보다는 집단 지성이 한결 중요하지요. 여러 사람의 생각을 모아 하나의 종합적인 지혜를 만들어 가는 것, 함께 공부하는 평생학습의 가장 뛰어난 점이 바로 그것 아닙니까? 함께 공부하고 더불어 학습하는 사람들이 서로의 벗이며 스승이 될 수 있다는 모델을 만들어야 합니다. 이런 과정을 통해 집단 지성이 표출되면 그게 바로 우리 시대의 진정한 사표가 되는 것이지요. 중국 명나라 때 이런 얘기가 있습니다. "친구가 되지 못하는 사람은 스승이 될 수 없고, 스승이 될 수 없는 사람은 친구가 되지 못한다."

은평구평생학습관에서 진행하는 프로그램 가운데 '숨은 고수'라는 강좌가 있습니다. 실생활의 다양한 분야에서 고수가 된 분들이 자신의 경험과 기술, 지혜, 깨달음 등을 나누는 강좌인데, 아주 인기가 많아요. 이런 강좌야말로 선생님이 생각하시는 평생학습과 맥이 닿아 있는 것 같은데요?

신영복　필요한 강좌이고 좋은 아이디어라고 생각합니다. 이론적이고 관념적인 사유를 학습하는 게 아니라 살아가는 것 자체가 공부니까요. 모든 살아 있는 것들은 죄다 공부하게 되어 있습니다. 이런 강좌는 참된 공부의 핵심을 꿰뚫고 있는 것 같아요. 하지만 이 역시 이렇게만 끝나면 안 됩니다. 공부는 이 사회를 보다 나은 사회로 변화시키는 데 도움을 주어야 합니다. 당대 사회가 당면한 모순과 부조리, 변화시켜 나가야 할 것이 무엇인가에 대한 깊은 성찰과 분석이 있어야 되지요. '숨은 고수'가 단순히 생활의 달인의 기술 전수이면 안 되는 이유가 여기 있습니다. 공부는 절대 실생활의 실용성에 머물면 안 됩니다.

"모든 살아 있는 것들은 죄다 공부하게 되어 있다."라고 말씀하셨는데, 풀이가 필요한 말씀 같습니다.

신영복　공부하지 않는 생명은 없습니다. 공부는 생명의 존재 방식이니까요. 국화 한 송이가 뿌리를 뻗어 가면서 어디에 물이 있는지 더듬어 가는 것처럼. 지난여름 폭풍우 때 달팽이도 나뭇잎 위에서 생존을 위해 엄청난 공부를 했을 겁니다. 실생활에 유용한 게 공부의 전부라고 생각하면 안 됩니다. 당장 자기에게 무언가를 안겨 주는 유익한 것을 찾는 사람보다 어리석은 사람들이 진짜 공부를 잘하는 법이지요. 사람을 크게 지혜로운 사람과 어리석은 사람, 두 부류로 나누기도 하는데, 지혜로운 사람은 세상에 자신을 맞추는 사람입니다. 반면에 어리석은 사람은 자신을 세상에 맞추기보다 세상을 자기에게 맞출 수 없을까 고민합니다. 역사적으로 보면 세상이 그나마 변화한 것은 지혜로운 사람이 아니라 이렇게 어리석은 사람 때문이지요. 그래서 공부는 어리석게 해야 합니다. 당장의 이익을 좇지 말고요.

평생학습 활성화가
우리 사회 인간화 촉진할 것

거의 모든 대학들이 평생교육원을 개설하고 있지만 수익을 목적으로 하는 탓에 제대로 된 평생교육에는 한참 못 미친다는 지적이 많습니다. 성공회대 인문학습원은 자타가 공인하는 성공한 평생교육원으로 뿌리를 내렸는데요, 인문학습원 설립자 입장에서 대학이 평생교육에 제대로 기여하기 위해서는 무엇을, 어떻게 해야 한다고 생각하시나요?

<u>신영복</u>　　사회가 필요로 하는 인재를 교육하고 공급하는 기능도 대학의 중요한 기능이긴 합니다. 하지만 엄밀한 의미에서 그런 기능은 대학이 아니어도 할 수 있는 곳들이 많습니다. 대학에서는 기본적인 교육만 시키고 기업들이 비용을 들여서 자신들이 필요로 하는 사람들을 만들면 되지요. 기업이 요구하는 사람을 가르치고 배출하기 위한 대학교육은 기업이 국가나 학부모한테 자신들의 책임을 전가하는 것입니다. 교육 자체를 망치는 것이지요. "교육은 백년대계(百年大計)"라고 하잖아요? 진짜 대학교육은 10년 뒤, 100년 뒤 우리 사회에 필요한 대안적 미래 담론을 만들어 내고 이를 가르치는 것이어야 합니다. 지금 우리 대학들이 당장 돈벌이가 되는 것, 사회적 수요가 많은 것들만 뒤따라가면서 이를 충족해 주는 역할을 하는데 그건 대학의 진짜 사명과 기능이 아니지요. 현재 우리 대학들은 기업들의 막강한 자본력에 완전히 포획되어 있는 것 같아 너무 안타까울 뿐입니다.

'감옥'이라는 대학에서 20년 동안 공부하시다가 졸업한 지 어느덧 30여 년이 가까워 옵니다. 출옥 후에도 지속적으로 공부하고 학습하신 것으로 아는데, 공부 혹은 학습 장소로 감옥과 사회, 어느 쪽이 좋습니까? (웃음)

<u>신영복</u>　당송 팔대가 가운데 한 사람인 한유는 "성인은 무상사(聖人無常師)"라는 말을 했습니다. 성인은 정해진 스승이 없다, 성인, 그러니까 깨달은 사람한테는 모든 게 다 스승이라는 말이지요. 사물의 부정적인 측면에서도 배우고 깨달을 수 있다는 반면교사(反面敎師)도 있을 수 있는 겁니다. 한유의 말은 결국 '정해진 학교는 없다, 학교는 도처에 있다', 뭐 이런 말이 되겠습니다. 공부란 이런 것이다, 하는 데 대한 틀에 박힌 관념을 걷어 내면 사람살이 모든 게 공부가 됩니다. 이 세상 모든 곳이 다 학교고요.

2013년에 제정된 「평생교육법」에는 '평생교육'을 "학교의 정규 교육 과정을 제외한 모든 형태의 조직적인 교육 활동"이라고 정의하고 있습니다. 법적인 개념이나 정의가 늘 그렇지만 평생교육, 평생학습의 다양한 내용에 비해 너무 메마르고 단조로운 규정이라는 느낌입니다. 평생교육, 평생학습을 신영복식으로 정의하면 어떻게 될까요?

<u>신영복</u>　한마디로 '먼 길을 함께 가는 아름다운 동행'이라고 표현하고 싶습니다. 공부는 여럿이 함께하는 게 맞습니다. 혼자서 하는 공부는 참된 공부가 아니지요. 돌이켜 보면 내 경우에도 선생님한테 배운 건 별로 없는 것 같아요. 동료나 친구, 후배한테 배운 게 훨씬 많고요. 사실 그렇게 배운 게 더 선명하고 더 직접적입니다. 비슷한 환경과 조

건에 있는 사람들 사이의 의견 교환이나 충고, 공감과 교감, 이런 것들이 얼마나 절대적인 영향력을 발휘하는지, 우리 모두 경험으로 다 알잖아요? 여럿이 함께한다는 것은 바로 이런 의미입니다. 게다가 먼 길을 함께 가는 사이라면 더욱 깊은 영향을 주고받게 되고요.

현실을 보면 우리를 압도하는 이런 비인간적 공세가 너무 무지막지한 나머지 이를 극복해 보려는 여러 노력이나 움직임 들이 너무 나약하고 실효성이 없는 것 같아 안타깝습니다.

신영복   이런 비인간적 가치를 확대, 재생산하는 게 교육이고, 그게 학벌 사회, 서열 사회를 떠받치는 기둥 역할을 합니다. 보다 많은 사람들을 평생학습에 참여하게 하는 것도 우리 사회의 인간화를 위한 좋은 실천일 수 있습니다. 내 개인적으로는 지배 담론, 기득권 세력에 대항하고 저항하기 위한 방법의 하나로 '음모(?)의 작은 숲'을 만드는 일이 중요하다는 점을 거듭 역설한 바 있습니다. 그래서 내가 붓글씨로 "더불어 숲"이라고 쓰고, "나무가 나무에게 말했습니다. 더불어 숲이 되어 지켜 주세요."라고 강조하고 다녔지요. 여기서 숲은 질식할 것 같은 상황에서 숨통을 틀 수 있는 공간을 의미합니다. 옛날에 며느리들이 시집살이를 하면서도 우물가에서 빨래를 하며 수다를 떨었잖아요? 그러면서 가슴에 쌓인 것들을 풀어 내고 카타르시스를 하는 건데, 그런 공간, 작은 숲을 생활 속에 계속 만들어 가자는 것입니다. 여러분들이 계신 평생학습의 공간들은 아주 효율적이고 가치 있는 숲이 될 수 있습니다. 이런 작은 숲들이 서로 만나면 상당히 중요한 사회적 역량을 만들어 낼 수 있어요. 평생학습의 작은 숲들이 만나서 새로운 역량으로 증폭되는 곳이 서울시평생교육진흥원이 되었으면 하는 기대를 품고 있습니다.

마지막 질문입니다. 서울시평생교육진흥원의 웹진 『다들』의 주요 독자층은 서울에서 평생교육과 관계를 맺고 있는 모든 분들입니다. 정책 담당자들은 물론이고 자치구 일선 현장에서 땀 흘리는 평생교육사 분들, 평생교육을 전공한 학자나 교수 분들, 평생학습을 하고 있거나 평생학습을 통해 동아리 활동을 하고 계신 수많은 시민들도 독자이십니다. 이분들께 선생님의 특별한 격려 말씀을 전해 주시지요.

신영복　평생학습이야말로 아름다운 사회를 만들어 가는 가장 중요한 작은 숲입니다. 평생학습을 통해 많은 사람들이 함께 깨닫고, 더불어 실천하는 것이 곧 작은 숲들을 확산하는 일입니다. 질식할 것 같은 우리 사회의 숨통을 트는 일이기도 하고요. 확고한 신념을 가지고, 길게 보면서, 먼 길을 함께 걸었으면 합니다. 저도 그 길에 동행할 것을 약속드리지요.

　장시간의 인터뷰를 감당해 주신 선생께 스케치북을 슬며시 내밀었다. 몰염치하게도 『다들』 창간 축하 글씨를 부탁하기 위한 것이었다. 얼마나 자주 글씨 부탁을 받는지, 선생은 아예 속주머니에 붓펜을 가지고 다녔다. 붓펜을 꺼낸 선생은 잠시 생각에 잠기는 것 같더니 곧바로 글씨를 써 내려갔다.

　헤어지기 직전, 일행이 가지고 간 『감옥으로부터의 사색』과 『담론』, 『강의』에 일일이 사인을 해 주는 선생께 슬쩍 물었다.

글씨는 어떤 태도와 자세로 써야 합니까?

신영복　　잘 쓰려고 해선 안 됩니다. '무법불가 유법불가(無法不可 有法不可)'이지요. 글씨 쓰는 법이 있어도 안 되고, 글씨 쓰는 법이 없어도 안 됩니다. 교육과 학습의 이상적 형태도 바로 이런 자유로움과 다양성입니다.

김신일

'평생교육론의 개척자' 김신일 서울대 명예교수는 1941년 충북 청주에서 태어났다. 1959년 청주고를 졸업하고 서울대 교육학과에 입학한 뒤 대학원을 마쳤다. 중앙교육원에서 연구원으로 일하다 1967년 26살의 나이로 서울여대 교육심리학과 교수로 임용됐다. 1978년 미국 피츠버그대에서 교육학 박사 학위를 취득했고, 1980년 모교인 서울대 교육학과 교수가 된 뒤 2006년까지 재직했다. 한국교육사회학회 회장, 한국사회교육협회 회장, 교육개혁과 교육자치를 위한 시민회의 공동대표, 한국평생교육학회 회장, 흥사단교육운동본부 상임대표, 한국교육학회 회장 등을 지냈다. 2006년 9월 교육인적자원부 장관 겸 부총리에 임명되어 2008년 2월까지 일했다. 저서로『교육사회학』,『평생교육 원론』,『한국 교육의 현 단계』,『평생교육학』,『학습사회의 교육학』등이 있다.

모든 사람은
배우는 능력과
학습할 권리를
타고났다

김신일   모든 사람은 배우는 능력과
∶   학습할 권리를 타고났다

"공자도 '배우는 데는 시기가 따로 없다'고 했습니다. 율곡 선생 역
시 『학교모범』, 『격몽요결』에서 '사람은 누구나 인생을 살면서 평생
공부한다'고 말합니다. 공자나 율곡 두 사람 다, 오늘날 우리가 아는
평생학습의 개념을 정확하게 설파한 것이지요."

인터뷰를 시작하면서 '평생교육론의 개척자', '평생교육학 원로'의
말씀을 듣고 싶다고 했더니 이런 답변이 돌아왔다. 이미 수백, 수천 년
전에 평생학습의 개념을 꿰뚫어 본 성현들이 있는데 '평생교육론의 개
척자' 운운은 과분하다는 것이다.

김신일 서울대 명예교수. 그가 '대한민국 평생교육 이론과 정책의 산
파이자 증인'임을 부정하는 사람은 없다. 그는 26세의 '어린' 나이에 서울
여대 교육심리학과 교수가 된 뒤 서울대 교수와 교육부총리를 거쳐 2015
년 8월 백석대 석좌교수에서 퇴임했다. 반세기에 이르는 그의 다양한 이
력과 의욕적인 활동은 그 자체가 '대한민국 평생교육의 산 역사'이다.

훤칠한 키에 다부진 체격, 꼿꼿한 자세와 우렁찬 목소리. 그는 역시
'교육계의 영원한 현역'이었다. 2시간이 넘게 진행된 인터뷰 내내 그는
현직에서 은퇴한 70대 중반의 노교수라 믿기 어려운, 넘치는 활력을 과
시했다. 인터뷰는 2015년 12월 7일, 서울시평생교육진흥원에서 진행됐다.

내 전공은 평생학습,
평생 가르치고 배우는 팔자

2006년 초, 서울대에서 정년퇴직한 뒤 2006년 9월 교육부총리에 임명돼 2008년 2월까지 재직하셨습니다. 많은 분들이 교육부총리 퇴임 뒤 현역에서 은퇴한 줄 알고 있는데요.

<u>김신일</u>　아닙니다. 부총리 그만두고 얼마 있다가 백석대 석좌교수로 간 뒤 올 8월에 그만뒀습니다. 5년 넘게 강의도 하고 대학원생 논문 지도도 하면서 바쁘게 지냈어요. 내 전공이 평생학습 아닙니까? 평생 무언가를 가르치고 배우는 팔자라서 그런지, 지금도 은퇴했다는 생각이 별로 없습니다. (웃음)

이젠 현역에서 완전히 물러난 것이지요?

<u>김신일</u>　예. 요즘은 산에도 가고, 사람들도 더러 만나고, 1주일에 한두 번은 마포 굴레방다리 근처에 있는 개인 사무실에 나가 글도 쓰고 강연 준비도 합니다. 제 책을 여러 권 출판해 준 교육과학사라는 출판사가 쓰던 사무실인데, 출판사가 파주 출판단지로 이사하면서 배려해 준 겁니다.

학교교육,
인간의 학습을 관리·통제하려는 것

앞서 말씀대로 한국과 중국 등 유교 문화권에는 평생학습의 전통이 강하게 이어져 왔습니다. 서양의 경우도 에라스무스나 코메니우스 같은 철학자들이 평생에 걸친 교육과 학습을 강조해 온 걸로 아는데요. 그런데도 현실 사회에서는 여전히 학교교육이 맹위를 떨치고 있습니다. 이유는 무엇입니까?

<u>김신일</u>　　근대 국민 국가에 들어서부터 국가가 국민들의 학습을 '관리'할 필요를 느끼게 됩니다. 그래서 사람들의 공부와 학습을 일방적으로 관리하는 제도를 만들게 되는데, 이게 현대의 교육 시스템이지요. 일방적으로 관리하다 보니 교육받기 싫어하는 국민이 생길 거 아닙니까? 교육과 취학을 의무화하는 법률이 나온 게 그래서이지요. 이게 바로 우리가 흔히 말하는 '국민교육'이고, 이걸 실천하는 사회적 장치가 '학교'라는 곳입니다. 더러 '국민교육'을 '학교교육'이라는 말과 섞어 쓰기도 하는데, 국민교육을 실천하는 장치가 학교이기 때문입니다.

말씀대로라면 교육은 한정된 대상을 상대로, 한정된 시기에, 국가 권력이 결정한 내용을, 일방적으로 가르치는 게 되네요?

<u>김신일</u>　　맞습니다. 전통적 평생학습의 개념과는 정반대인 셈이지요. 이렇게 전도된 교육의 개념을 선현이 말씀하신 평생의 학습으로 회복시키는 게 참된 교육학자의 사명입니다. 평생학습을 실천하는 분

들의 과제이기도 하지요. 서울시평생교육진흥원 홈페이지를 보니까 원장이 인사말에서 '대한민국 평생학습 르네상스를 열겠다'고 포부를 밝혔던데, 이런 맥락에서 보면 평생학습의 '르네상스', 즉 '부활'이라는 표현은 정확한 겁니다.

인간은 스스로 학습할 권리가 있다, 다른 사람은 그저 도와줄 수 있을 뿐

선생은 일찍이 지난 1980년대 중반부터 학교나 교사, 교수 중심의 이른바 '교육주의'에 맞서 '학습주의'를 주장해 왔다. 이 개념은 '학습권' 개념과 함께 교육주의에 매몰된 당시의 우리 교육계를 강타했다. 그만큼 혁신적인 내용이었기 때문이다. 그에게 '김신일 평생교육론'의 이론적 토대이기도 한 '학습주의'와 '학습권'에 대한 쉬운 풀이를 요청했다.

김신일　'교육주의'에 대항해 만든 게 '학습주의'니까, 교육주의에 대한 설명이 먼저겠습니다. 인간의 학습을 관리하고 통제하는 교육 제도는 200여 년 전부터 인류 사회에 나타납니다. 우리나라의 경우, 개화기 때 일제에 의해 강제로 이식된 식민지 교육이 바로 이런 교육 제도였지요. 해방 후 우리 손으로 학교 제도를 운영하기 시작했지만 이 제도를 뒷받침하는 이념은 여전히 사람들의 학습을 자유롭게 방치해 두어서는 안 된다는 것이었습니다. 국가가 필요로 하는 내용을,

국가가 필요로 하는 대상에게, 국가가 필요한 만큼 가르쳐야 한다는 생각이지요. 바로 이런 생각, 이런 사상을 '교육주의'라고 이름 붙인 겁니다.

'교육주의'를 '교수패러다임'이라고도 하더군요.

<u>김신일</u>　교육주의에서는 기본적으로 교사는 가르칠 권리가 있고, 정부는 학생들에게 가르칠 내용을 결정할 권리가 있다고 봅니다. 교육과정을 국가가 정하고, 학교도 국가가 설립하고, 사립학교 역시 국가가 인가해 주어야 운영할 수 있고요. 교사는 국가로부터 학생들의 학습을 관리하고 통제할 권한을 부여받거나 위임받은 사람들이 됩니다. 학부모가 교사 앞에서 작아지는 (웃음) 이유도 여기에 있습니다. 교사와 학생이 지배·피지배 관계이다 보니 학생의 보호자인 학부모도 교사의 말에 따라야 하는 것으로 되고요.

학생, 그러니까 학습자는 그야말로 교수 활동의 대상으로만 존재하는 거네요?

<u>김신일</u>　그렇습니다. 그러다 보니 무엇을, 누구에게, 어떻게 가르칠까, 하는 질문에 대한 대답을 찾는 게 교육학의 과제가 되는데, 이거야말로 잘못되어도 아주 잘못된 생각이지요. 왜냐하면 사람이 배우는 건 가장 근본적인 생존 활동이거든요. 그래서 내가 하는 학습을 다른 사람이 대신해 주지 못하는 겁니다. 내가 무엇을 배워 어떤 생각을 하고 어떻게 세상을 살 것인지, 이 문제는 사람이 자신의 인생을 결정하는 가장 기본적인 요소입니다. 이걸 다른 사람이 결정하면

안 되지요.

인간은 스스로 학습할 권리가 있고, 다른 사람은 그저 도와줄 수 있을 뿐입니다. 교사는 학생들의 학습을 관리하고 통제할 권리가 아니라, 학습을 도와주고 북돋아 줄 책임이 있는 사람입니다. 직업인으로서의 교사는 권리를 가지지만, 그 권리는 학생의 학습을 방해하는 요소를 제거하고 학습 환경을 만들어 주는 권리인 것이지요. "모든 사람은 누가 통제하거나 관리·지도하지 않아도 배울 수 있는 능력이 있고, 학습할 수 있는 권리가 있다." 이것이 제가 주장한 '학습주의'의 소박한 개념입니다.

교육계 반발 뚫고
인간의 학습권에 기반한 '학습주의' 주장

교육계가 보수적인 동네 아닙니까? 30여 년 전쯤인 1980년대 중반에 이런 혁신적인 주장을 하셨으면 저항이나 반발도 만만치 않았을 것 같은데요?

<u>김신일</u>　물론이지요. 교사들도 반발했고, 교육 당국도 마찬가지였습니다. 교사들 입장에서 보면 자신들이 행사해 오던 권리, 학생들의 학습을 관리하고 통제할 권한을 부인한 셈이니까요. 학생들이 교사 없이 어떻게 배울 수 있느냐는 것이지요. 교육 정책 당국과 권력층 역시 자기들이 필요로 하고 원하는 것을 부정하니까 기분 나빠했지요.

최근의 국사 교과서 국정화 논쟁에 빗대면 이해가 빠를 것 같습니

다. 정부는 국가가 국민들의 국사에 대한 지식을 결정해서 가르칠 권리가 있다는 전제에서 국정화를 추진하고 있지 않습니까? 그런데 정부나 국가는 그럴 권리가 없다고, 국민들은 역사에 대해 스스로 생각하고 판단하고 공부할 권리가 있다는 게 내 주장이었지요. "가르치는 게 아니라 도와주는 게 학교이고 교육 제도다. 학생들을 국가의 필요에 따라 일방적으로 가르치는 게 교육이 아니다." 뭐 이런 얘기를 하고 다녔으니 부딪칠 수밖에 없었습니다.

1980년대 중반이면 공안의 칼날이 시퍼렇던 전두환 대통령의 제5공화국 시절 아닌가? 교육계 주류, 교육 기득권층의 논리나 이념에 맞서, 그것도 국립 서울대 교수가 이런 주장을 하고 나섰다면 오해도 적지 않았으리라는 생각이 들었다.

상당히 급진적인 주장으로 비춰졌을 수도 있는데요, 오해는 없었습니까?

김신일   칼 마르크스 시대의 유럽에서도 저와 비슷한 주장을 하는 교육학자들이 더러 있었지요. 그런데 역설적이게도 혁명을 주장하던 좌파 진영에서 이 주장에 대해 사회주의 혁명 노선에 아주 해롭다며 저지하고 배척합니다. 정해 놓은 혁명의 전략과 방향에 맞춰야 한다고 주장하는 사람들한테 자유롭게 학습하자는 생각은 용납되기 어려웠던 것이지요.

선생님의 오랜 주장에도 불구하고 우리 교육계, 나아가 사회 여러 분야에서는 여전히 교육주의적인 생각이 지배적입니다.

김신일   권력층이나 기득권 집단의 효율적 지배에 꼭 필요하니까요. 비근한 예로 기업이 있습니다. 기업은 사원에 대한 학습 통제권을 쥐고 경영주의 경영 철학을 주입하고 싶어 하지요. 심지어 종교 기관도 마찬가지입니다. 신앙 방식이나 신관을 신도들에게 일방적으로 교육시키려고 하지요. 얼마 전에 어느 기독교 단체에서 요청이 와서 한 꼭지 써 주었습니다. 이런 내용이에요. "개인의 신앙은 교회나 목사가 정해 줄 수 있는 게 아니다. 교회나 목회자는 성경과 예수에 관해 다양한 정보와 생각을 전달해 주고, 여기에 대한 최종 판단은 신도들 각자가 결정하고 선택할 수 있어야 한다. 이런 신도와 목회자가 신앙 공동체를 만들어 사회와 역사에 공헌하고자 하는 곳이 교회다. 교회가 신앙의 방향과 신학적 지식을 주입시키고 통제하려 하면 안 된다." 요약하자면 '교회에서도 열린 학습이 필요하다'는 뜻이지요.

그러고 보면 학습주의는 사회 여러 분야에 두루 적용될 수 있는 거네요?

김신일   그렇지요. 사람이 스스로 학습하지 않고는 제대로 생각하고 활동할 방법이 없기 때문입니다. 예술이건 다른 직업이건, 혹은 신앙이건, 사람들은 학습을 통해 성장하고 발전하기 때문에 사회 모든 영역과 연결되어 있지요. 덕택에 모든 분야에서 골고루 욕을 먹게 되어 있습니다. (웃음)

1989년, 서울대에 평생교육 전공 신설, 본격적 후진 양성

서울대 교육학과 대학원에 평생교육 전공이 만들어진 게 1989년이지요? 선생님께서 주도하셨는데, 순탄하지는 않았을 것 같습니다.

김신일   대학에 학과나 전공 분야를 새로 만든다는 게 쉬운 일이 아닙니다. 정원제로 정원을 묶어 놓고 있으니까 새로 하나를 만들려면 기존에 있던 다른 하나를 빼 버려야 하거든요. 대학이 변화하기 어려운 이유이기도 하지요. 어쨌든 시대가 변하면서 새로운 학문 분야가 생기고 그에 따른 전공 신설 요구가 있으니 만들어진 것입니다.

교수들 사이에서 저항이나 반발이 있었을 것 같은데요.

김신일   평생교육이라는 학문 영역 자체가 생소할 때였으니 왜 저항이 없었겠습니까? 당시 교육학이 학교교육 중심의 교육주의적 체계였던 터라 당연한 것이지요. 그래서 속내를 좀 감추고 설득했습니다. (웃음) "세계 많은 나라에서 학교교육뿐 아니라 '학교 밖 교육'을 연구하고 있고, 전문가들도 많이 길러 내고 있다. '비형식 학습'도 사람의 변화를 유발하는 만큼, 우리도 이런 문제에 관심을 가져야 한다." 이런 식으로 설득도 하고 대화도 해서 해결했지요.

그때 처음으로 우리 대학 가운데 서울대에 평생교육 전공이 생긴 겁니까?

김신일   아닙니다. 이전에 다른 대학에 더러 있었지요. 하지만 정식으로 석사, 박사 과정을 위한 전공 영역으로 설치가 된 건 서울대가 처음이었지요.

'평생교육'이라는 용어가 처음 공식적으로 쓰인 건 언제부터인가요?

김신일   우리나라에 처음으로 '평생교육'이라는 제목이 달린 책이 나온 게 아마 1972, 3년 어름일 겁니다. 1960년대 말, 유네스코가 나서서 '세계가 평생학습의 시대로 가니, 회원국들은 학교교육에서 평생교육으로 전환할 것'을 제안합니다. 유네스코에 소속된 학자와 전문가들이 당시 전 세계 교육 실태의 변화를 조사, 연구하고 토론해서 내린 결론에 기초한 제안이었지요. 당시 유네스코는 교육 정책의 기본을 평생교육에 둬야 할 근거와 이유를 밝히는 문서들을 모든 회원국들에게 나눠 주었습니다. 이걸 받아 들고 우리나라 유네스코위원회가 평생교육을 주제로 1972년 첫 세미나를 열게 되지요. 교육학자를 포함해서 언론 등 각 분야의 전문가들이 자신들이 토론한 내용을 토대로 『평생교육』이라는 작은 책자를 펴내지요. 한국유네스코위원회 이름으로 발간된 이 책자가 한국에서 나온 공식적인 최초의 평생교육 전문 서적입니다.

'평생교육'이라는 용어 자체는 번역어이지요?

김신일   그렇습니다. 영어로 'lifelong education', 재미있는 건 이걸 한자권의 세 나라, 한국, 중국, 일본이 각각 번역을 다르게 하게 됩니다. 한국은 평생을 두고 배운다는 뜻에서 '평생교육'이라고 하고, 일본의 경우는 생애 전체에 관한 것이라며 '생애교육'으로 번역을 했어요. 중국은 종신토록 교육하자는 것으로 해석해서 '종신교육'이라는 이름을 붙입니다. 같은 용어를 세 나라가 다르게 번역한 뒤 지금까지 그렇게 쓰이고 있습니다.

평생학습 선각자들의 헌신과 노력 기억해야

1972년 책자가 나오기 전, 그러니까 '평생교육의 석기시대' (웃음) 때의 상황은 어땠습니까?

<u>김신일</u>　그전에도 평생교육에 일찍이 관심을 가지고 있던 몇몇 분들이 계셨지요. 그분들한테는 당시에도 평생교육이 아주 새로운 생각이 아니었습니다. 다만 책 출판을 계기로 강력한 응원군이 생기면서 더 용기 있게 평생교육을 주장하게 되지요.

어떤 분들인가요?

<u>김신일</u>　1960년대부터 서울대 교수를 하셨던 김종서 선생, 그리고 계명대와 방송통신대, 나중에 명지대 교수를 지낸 황종건 선생이 계시고요. 『중앙일보』 주필 출신으로 언론계에서 교육 문제에 큰 관심을 보였고, 나중에 영국에서 성인교육 관련 연수도 받으신 김승한 선생도 계십니다. 이 세 분이 대표적인 석기시대 분들이지요. (웃음)

그야말로 대한민국 평생교육의 '전설'인 셈이군요. (웃음)

김신일   그렇지요. 김종서 선생은 지난해 7월 91세로 돌아가셨고, 지금 살아 계시다면 김승한 선생은 지금 90세, 황종건 선생은 80대 중반이십니다.

이분들은 평생교육을 어떻게 접하게 된 겁니까? 그 과정 자체가 우리나라 평생교육의 전사(前史)일 텐데요.

김신일   세 분 다 해방 후 서울대를 다녔어요. 김종서 선생은 서울대 교육학과 2회이고, 김승한 선생은 교육학과가 아니라 철학과를 나오셨고요. 황종건 선생은 교육학과 5회 출신입니다. 이분들 모두 일제 때 계몽 운동, 그러니까 야학이나 브나로드 운동, 문맹 퇴치 운동을 하면서 평생교육이라는 개념을 접하고 익히게 되지요.

세 분 '전설'의 역할은 어땠습니까?

김신일   김승한 선생의 역할을 우선 거론해야 됩니다. 김 선생은 1980년 신군부 주도의 헌법개정위원회 위원으로 참가해 헌법 조항에 "국가는 평생교육을 진흥해야 한다."라는 유명한 구절을 집어넣습니다. 우리나라 평생교육의 발전에 획기적 전기가 마련된 것이지요. 위원 대다수가 '평생교육'이라는 용어를 처음 듣는 상황에서 김 선생이 회의 때마다 평생에 걸친 학습의 필요성을 거론하고 해외의 다양한 사례를 들어 그들을 열정적으로 설득했습니다. 다른 나라의 경우에도 헌법에 평생교육에 대한 국가의 책임을 이 정도로 명확하게 규정한 데는 거의 없어요. 국제회의 때 이런 얘기를 하면 평생학습 선진국 사람들도 놀랍니다.

황종건 선생은 우리나라 평생교육학의 토대를 놓으셨다던데요?

김신일 　그렇습니다. 그분은 '사회교육'이라는 용어를 사용하던 시대에 이 분야에 대한 학술적 연구와 저술 활동을 계속하고 제자들도 양성했습니다. 국제적으로도 매우 폭넓은 활동을 펼쳐서 한국 평생교육의 세계적 위상을 높이는 데에도 크게 기여하셨습니다.

김종서 선생은 방송통신대학을 우리나라 평생교육 기관의 새로운 터전으로 만드셨다고 들었습니다.

김신일 　시기는 달랐지만 김종서 선생은 김승한 선생과 함께 숱한 반대를 뚫고 방통대의 오늘을 있게 한 분입니다. 그 과정에서 전통적인 대학교육관을 가진 동료 교수들한테도 엄청 미움을 받았고요. 그런 와중에도 방통대가 일반 대학과 달라야 한다는 걸 꿋꿋하게 주장하셨습니다. 교육의 기회를 놓친 서민들의 생활에 보다 밀착되고 그들의 형편에 맞게 학습할 수 있는, 당시로서는 전혀 새로운 성격의 대학교육을 주장했고, 끝내 관철해 냈습니다. 지금 생각해 보면 실로 대단한 겁니다. 요즘 말로 엄청난 혁신이었지요. 방통대 설립 초창기에 일부 교수들이 '우리도 다른 대학처럼 해야 서울대처럼 된다'고 주장하자, 선생은 '서울대와는 다른 성격으로 만들어야 서울대 위에 올라설 수 있다'고 역설했지요. 모두들 대한민국 평생학습 초창기를 멋들어지게 장식한 훌륭한 선배들입니다.

「교육기본법」 제정 주도,
평생학습 권리 규정한 '학습권' 조항 추가

"모든 국민은 평생에 걸쳐 학습하고, 능력과 적성에 따라 교육받을 권리를 가진다."라는 「교육기본법」 제3조 '학습권' 조항은 1999년 제정·공포된 「평생교육법」의 철학적 토대를 제공하기도 한 것으로 알려져 있습니다.

<u>김신일</u>　「교육기본법」 이전의 「교육법」은 사실상 '학교교육법'이었습니다. 학교교육에 익숙한 교육주의자들한테는 이상할 게 하나도 없는 법인데, 내 눈에는 이상하게 보이더라고요. 왜 「교육법」이 학교만 다루어야 하는지 알 수 없었던 거지요. '교육과 관련한 법'이라면 학교 말고 다른 데서 벌어지는 교육이나 학습 활동 모두를 포괄할 수 있어야 하는 거 아닌가요? 그래서 「교육기본법」을 만들면서 「교육법」을 「교육기본법」, 「초·중등교육법」, 「고등교육법」으로 나누고 여기에 평생학습에 대한 여러 규정들을 두게 된 것이지요. 이것들을 모아서 나중에 「평생교육법」을 별도로 만들게 되지만 아무튼 이 셋을 아우르는 상위 개념으로 「교육기본법」이 만들어진 것입니다.

문민정부의 5·31 교육 개혁 과정 중에 '학습주의' 개념이 처음으로 정부 차원에서

공식 거론되기 시작했지요? 감회가 새로웠겠습니다.

김신일   제 자랑을 좀 해야겠네요. (웃음) 김승한 선생이 1980년 헌법 개정할 때 평생교육 조항을 거듭 주장한 걸 떠올렸습니다. 회의에 가면 "이제 평생학습이 시대정신이고 시대 과제다. 시대 변화를 앞질러 가자."라고 집요하게 설득했지요.

1999년, 「평생교육법」 제정도 주도하셨지요?

김신일   「평생교육법」은 「사회교육법」을 폐지하고 만든 겁니다. 당시 법 제정 때 잊지 못할 에피소드가 있습니다. 노동자의 학습권을 보장하기 위해 국제노동기구(ILO)가 1970년대부터 '유급 교육 휴가제'를 실시하는 것을 제안하고 회원국들에게 이걸 법제화하도록 요구했어요. 우리나라는 이 요구에 전혀 관심을 두지 않았었는데, 법 제정 과정에서 내가 '유급 학습 휴가제를 조항에 넣어야 한다'고 주장했지요. 전경련이나 경총 등 사용자 단체에서 기업 활동을 규제하는 조항은 안 된다고 강하게 반발하더군요. 그런데 응원 부대여야 했던 노동계는 반응이 없더라고요. 안 되겠다 싶어 노동계에 힘을 실어 달라고 요청했고, 그 덕에 이 조항이 사라지지는 않았습니다. 하지만 "유급 또는 무급의 학습 휴가를 실시할 수 있다."로 내용이 살짝 바뀌었어요. 지금도 이 조항이 그대로 살아 있습니다. 하지만 용어를 잘 보세요. '유급 교육 휴가(educational leave)'가 아니라 '유급 학습 휴가(learning leave)'입니다. 세상에 없는 용어입니다. (웃음)

교수 시절,
교육 제도 개선을 위해 이끈 시민운동

정년퇴임하기 직전인 2002~2004년 흥사단교육운동본부 상임대표로 활동하셨지
요? 국립대 교수를 하면서 시민사회단체 상임대표를 맡는 건 이례적인 일인데, 실
천에 대한 의욕 때문인가요?

<u>김신일</u>　흥사단 활동 전부터 '교육개혁과 교육자치를 위한 시민회
의', 줄여서 '교육민회'라는 시민단체 활동을 했습니다. 인간교육실
현학부모연대와 흥사단, YMCA 등이 중심이 되어서 1994년 출범한
단체였지요.

우리나라 최초의 본격적인 시민운동단체인 경실련이 결성된 게 1989년이니 꽤 일
찍 생긴 단체네요?

<u>김신일</u>　교육학자로서 문제투성이인 교육 제도나 입시 제도를 더 이
상 이대로 방치할 수 없다는 절박한 생각에서 시작한 활동이었습니
다. 언론에서도 날이면 날마다 우리나라 교육은 서울대 교수들이나
유학 다녀온 사람들이 죄다 망쳤다고 욕하고, 교육학자로서 이걸 바
로잡는 역할을 하고 싶었지요. 글 쓰고 위원회 활동만 한다고 교육이
변하지 않는다는 걸 알게 되면서 시민들의 힘으로 해 봐야겠다고 결
론을 내린 것입니다.

주로 어떤 방식의 활동이었습니까?

김신일　문민정부 교육개혁위원회에서 공론화되는 것을 목표로 여론전을 펼쳤습니다. 언론사와 협력해서 매월 한 건씩 큰 주제로 시민 토론회를 열고 신문에도 보도되게 했지요. 입시 제도나 교육 과정 문제 등 다양한 영역을 다뤘습니다. 이러다 보니 아이디어가 쌓이고 여론이 조성되기 시작하더군요. 신문에 기고도 하고 방송 토론회도 나가고 분주하게 움직였습니다. 이런 게 힘이 되더군요. 교육개혁위 회의에 가서 주장을 펼치면 처음 듣는 소리, 이상한 의견이라던 사람들이 어디서 많이 듣던 소리라면서 반응을 하더라고요. 교육민회의 이런 활동이 실제로 김영삼 정부의 교육 개혁에 상당한 영향을 주었습니다. 이후 교육 운동 단체들이 꽤 늘어났는데, 2000년부터 흥사단 상임대표를 맡아 달라는 요청이 있어서 2002년 초대 대표가 되었습니다. 흥사단교육운동본부는 가장 대표적인 교육 운동 단체로 지금도 왕성하게 활동하고 있고요.

교육부총리 시절,
'국가-광역시·도-기초 자치 단체' 묶는 평생교육 체계 완성

2006년 9월부터 2008년 2월까지, 그러니까 노무현 정부 마지막 교육부총리를 지내셨습니다. 참여정부 때이긴 하지만 가장 보수적인 관료 조직인 교육부에 '학습주의'의 주창자가 장관으로 가셨으니, 고생이 많았겠습니다.

김신일   개혁을 하려면 정권 출범 전반기에 해야 합니다. 후반기에 가면 힘이 빠져 추진하기 어렵지요. 마침 후반기, 그것도 정권 막바지 장관이어서 어려움과 한계가 많았습니다. 제가 재임할 때 사립학교 운영의 문제와 비리를 없애기 위해 정부가 외부 인사를 이사로 임명하게 하는 「사립학교법」 개정을 추진했습니다. 하지만 당시 야당의 박근혜 비상대책위원장이 「사립학교법」을 다시 개정하지 않으면 모든 법의 개정을 거부하겠다고 장기간의 장외 투쟁을 펼치는 바람에 결국 원위치되고 말았지요. 교육부총리로서 굉장히 많은 시간을 이 문제 때문에 허비하게 된 건 참으로 안타까운 일이었습니다. 이것 말고도 대학 입시 제도 개혁을 추진했는데, 이 문제 역시 대통령 임기 말이라는 한계 탓에 큰 성과를 내지 못했습니다.

그런 한계와 어려움 속에서도 국가평생교육진흥원의 독립 등 전공인 평생교육과 관련한 괄목할 만한 성과를 냈습니다. 아무리 부총리라지만 학교교육 정책에 골몰해 있는 교육부 분위기로 볼 때 결코 쉽지 않았을 것 같은데요.

김신일   내가 평소 가지고 있는 소신과 이론, 생각을 담당 국장과 과장들에게 차분하게 설명하고 설득했지요. 결국 담당 국장과 과장이 「평생교육법」을 개정하게 됩니다. 교육개발원이 위탁 운영하던 국가평생교육진흥원을 별도의 국가 기관으로 독립시키면서 각 시도진흥원을 설립하도록 했습니다. 여기에 기초 자치 단체에 평생학습관을 설치하도록 해 '국가-광역시·도-기초 자치 단체'로 이어지는 종합적 평생교육 추진 체계를 완성했지요.

그러니까 지금 우리가 목격하는 평생교육 추진 체계가 이때 만들어진 거군요. 대통령 임기 말이라는 시기적 한계와 교육부의 보수성이라는 구조적 한계의 이중적 장애에도 불구하고 대단한 성과를 내셨습니다. 10년 가까이 이 추진 체계가 작동되어 온 셈인데, 체계를 만든 사람으로서 새로 고치거나 보완해야 할 점은 무엇이라고 생각하시는지요?

김신일　국가평생교육진흥원이 중앙 정부 아래 있는 건 문제라고 봅니다. 지금도 시도진흥원이나 지방 자치 단체는 그런 대로 잘하고 있지 않습니까? 현행 「평생교육법」을 개정해 평생교육을 위한 심의기구나 위원회를 강화해야 합니다. 대통령 직속으로 이 기능을 가져와서 국가진흥원과 시도진흥원을 관리, 감독하게 만들어야 한다고 생각합니다.

평생학습 추진 체계의 핵심은 지역 주민 스스로가 원하는 학습, 주민에게 필요한 학습을 할 수 있도록 도와주는 겁니다. 그런데 지금은 국가 관리의 전체 틀이 국가 대 지방의 맥락에서 보면, 중앙 정부가 너무 많은 걸 관리하고 통제하는 체제입니다. 재정으로 보아도 중앙 8, 지방 2 정도이지요. OECD 국가들은 6:4, 5:5 정도인데, 지나치게 중앙 정부에 재정이 집중되어 있다 보니 지방은 항상 재정난을 겪지요. 새로운 사업을 하기도 어렵고요. 지방 재정을 확대하는 것이 중심 과제입니다. 평생교육 지도자와 실천가들이 학습 기회를 창출하고 새로운 프로그램을 만드는 일 말고도 이런 왜곡된 국가 운영의 틀을 바꾸는 데도 관심을 가져야 합니다.

오전 11시에 시작한 인터뷰가 2시간 넘게 계속되면서 점심시간이 훌쩍 지났다. 50대 후반 인터뷰어는 자세가 흐트러지면서 몰려오는 피로를 느꼈다. 반면 70대 중반 인터뷰이의 자세와 말씨는 전혀 흐트러짐 없이 처음 그대로였다. 오래전의 일인데도 세세한 것까지 또렷하게 되살려 내는 기억력은 젊은 사람의 그것이었다. 건강 비결이 궁금했다.

공부, 평생 계속해야 하는
삶의 필수 요소

등산은 물론이고 암벽 등반도 하신다고 들었습니다.

<u>김신일</u>　50대 중반에 암벽 등반을 시작했습니다. 우리 대학 다닐 때는 암벽 등반하는 동아리에 들어가야 암벽 등반을 배울 수 있었는데, 시대가 바뀐 것이지요. 도심에 인공 암장이 생기기 시작해 편하게 훈련할 수 있게 되었지요. 마침 후배가 운영하는 인공 암장에서 훈련 코스를 이수하고 전주 근처에 있는 산의 암벽에서 졸업 시험을 보기도 했지요. 그다음부터 본격적으로 시작했는데 재미도 있고, 잘되더라고요. 암벽 등반 체질이어서인지 배운 뒤 곧바로 설악산도 가고, 인수봉도 가고 많이 다녔습니다. 인수봉에서는 비박도 몇 번 하고요. 요즘은 그만두었습니다.

평생교육에 대한 관심이 높아지면서 많은 젊은 사람들이 평생교육을 학문으로 전공하려고 하거나 평생교육 현장에서 일하려고 합니다. 현장에서 평생교육사로 활동하는 사람도 많이 늘어나고 있고요. 이분들께 주실 말씀이 있다면.

김신일　선배 입장에서, 제대로 된 평생학습사회를 만들자고 주장해 온 사람의 입장에서, 후배들에게 늘 미안한 마음입니다. 주장을 하고 틀은 만들어 놓았지만, 현장에서 보면 여전히 많은 문제와 한계가 도사리고 있을 겁니다. 시스템도 아직 초기 단계라 정상적으로 운영되려면 시간이 필요하고요. 이럴 때일수록 선배들이 앞장서서 전체 틀을 강화시키고 평생학습사회 여건을 발전시키는 데 책임을 가지고 일해야 한다는 각오를 가져야 합니다. 시대는 빠르게 변하고 있고, 평생학습으로 학습사회를 선도하는 일은 시대 변화를 선도하는 일입니다. 어렵더라도 새로운 사회를 개척하고 새 시대를 열어 간다는 보람을 잊지 말기 바랍니다.

서울시평생교육진흥원에도 한 말씀 부탁드립니다.

김신일　잘해 나가야 합니다. 많은 사람들이 서울진흥원을 바라보고 있어요. 다른 시도진흥원에 비해 출범은 늦었지만 서울시진흥원의 상징성이 워낙 막중하기 때문이지요. 대한민국 평생학습의 새 길을 연다는 각오가 필요합니다. 이 살벌한 경쟁과 갈등의 시대에 푸른 희망을 주는 '평생학습의 그 무엇'을 보여 주길 기대합니다.

마지막으로, 평생 공부하며 살아가야 할 독자들에게도 한 말씀 부탁드립니다.

김신일　　평생 공부한다는 것은 행복일 수도 있지만 한편으로는 매우 어려운 일이기도 합니다. 그러나 이 시대를 '평생학습시대'라 부르는 이유는 학습이 과거처럼 유복한 계층의 여가 활동이 아니라 모든 사람이 평생 계속해야 하는 삶의 필수 요소가 되었기 때문입니다. 학습 내용도 학문적 지식과 지배적 이념 중심으로부터 실용적 지식과 다양한 관점도 존중하는 쪽으로 크게 달라지고 확대되었습니다.

과학 기술이 급변하는 시대에 직업인으로서 뒤떨어지지 않기 위해서, 소비자로서 현명하게 살아가기 위해서는 계속하여 새로운 기술과 지식을 배우지 않을 수 없습니다. 또한 한 나라의 주권자로서 잘못된 권력에 휘둘리지 않고 올바르게 판단하고 행동하기 위해서도 공부할 필요가 있으며, 개인의 행복과 자아실현을 위해서도 자신이 원하는 것을 공부할 수 있어야 합니다.

그런데 과거의 교육주의 시대에는 공부란 내가 선택할 수 있는 것이 아니라 학교나 권력이 시키는 대로 해야 하는 의무적 활동이었으므로, 될 수 있으면 피하고 싶기도 했습니다. 그러나 지금은 교육주의 시대를 벗어나 학습주의 시대로 들어서고 있습니다. 새 시대는 사람은 누구나 학습할 권리가 있어서 자신이 원하는 내용을 원하는 방식으로 공부할 수 있는 사회입니다. 우리가 이런 사회를 만들자는 것입니다. 그러므로 여러분도 학습에 대한 권리의 소유자로서 자신에게 필요한 공부를 능동적으로 해 나갈 뿐만 아니라, 그렇게 할 수 있는 사회적 여건의 조성과 제도적 장치의 수립을 위해 모두가 함께 노력하면 좋겠습니다. 그럴 때에 학습사회 건설을 앞당길 수 있을 것입니다.

김우창

한국 인문학을 세계적인 수준으로 끌어올렸다는 평가를 받는 원로 인문학자이다. 정치학자인 최장집 고려대 명예교수는 그를 "우리 시대의 현자"라고 표현했다. 그의 학문적 궤적을 가장 오래, 가장 가까이서 지켜본 박맹호 민음사 대표는 그를 "좌우를 막론하고 명리에 따라 움직이지 않고 소신을 관철하는 가차 없는 사람"이라고 규정했다. 1937년 전남 함평에서 태어났다. 1954년 광주고등학교를 졸업한 뒤 서울대 정치학과에 입학했다. 3학년에 올라가며 옮긴 영문학과를 졸업한 뒤 미국 코넬대에서 영문학 석사를 땄고, 이어 하버드대에서 미국문명사로 박사 학위를 취득했다. 서울대 영문학과 전임강사를 거쳐 1974년부터 고려대 영문과 교수, 이화여대 석좌교수를 지냈다. 현재 고려대 명예교수, 대한민국예술원 회원이다. 저서로 『궁핍한 시대의 시인』, 『지상의 척도』, 『심미적 이성의 탐구』, 『마음과 풍경』, 『자유와 인간적 삶』, 『성찰』, 『기이한 생각의 바다에서』, 『체념의 조형』 등이 있다.

인문학 열풍, 우리 사회가 각박해진 반증

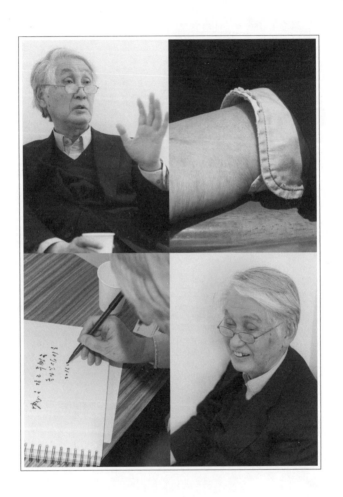

김우창   인문학 열풍,
:   우리 사회가 각박해진 반증

인터뷰가 끝나 갈 무렵, 맞은편에 앉아 있는 김 선생의 와이셔츠 소매 끝자락에 우연히 눈길이 멈췄다. 낡은 양복 밖으로 살짝 삐져나온 옅은 회색 와이셔츠의 소매 끝자락은 실밥들이 터져 나와 너덜너덜했다. 자세히 보니 와이셔츠 옷깃도 오래 입어 닳아 빠진 모습이 그대로 드러났다.

"입고 계신 와이셔츠는 언제 적 것인가요?"
"모르겠어요. 하도 오래돼서……."(웃음)

"양복은요?"
"아, 이거요? 이거 우리 아버지 겁니다. 저, 양복 많아요. 아버지가 입던 거, 처남이 준 거, 뭐 이런 거 많지요. 내가 산 건 없고요."(웃음)

'한국 인문학의 한 정점(頂點)'으로 불리는 김우창 선생은 지금도 14년 된 아반떼 승용차를 직접 몰고 다닌다. "그전에는 액셀 승용차를 근 20년 타고 다녔는데 길 가다 서서 버렸어요. '고쳐 쓰면 됐을 텐데…….' 하는 생각에 폐차시키고 나서 많이 아쉬워했습니다. 한동안 죄를 지었다 싶기도 했고요. 늙으니 신경이 둔해져 운전이 불안해지는 통에 서둘러 버렸는데, 그게 늘 마음에 걸리더라고요."

그는 문학뿐 아니라 철학과 예술, 역사, 정치 등 인문·사회과학 전반을 아우르는 무변광대한 탐구 정신으로, 한국 인문학을 세계적인 수준으로 끌어올렸다는 평가를 받는다. 이런 대인문학자가 이날 인터뷰에서 쏟아 낸 말들은 맑고, 순하고, 치장이 없었다. 1시간 30분 넘게 진행된 인터뷰 내내 김 선생의 말들은 석학의 그것답지 않게 듣기 편하고, 알아듣기 쉬웠다. 하지만 그 말들은 독특한 울림과 깊은 여운을 남겼으며, '보편과 특수의 통일'이라는 일관된 인문학적 가치를 향하고 있었다.

인터뷰는 "넓게 파들어 가서 깊은 경지에 이른 우리 시대 인문학의 대가"(유종호 학술원 원장의 말)로부터 배움과 깨우침의 참뜻을 듣고 평생교육과 인문학의 관계를 묻기 위해 마련됐다. 인터뷰 팀은 2016년 2월 3일 오후, 서울 안국동에 있는 네이버문화재단 자문위원장 방에서 그와 마주 앉았다. 이날 인터뷰에는 고교 때부터 김우창 인문학의 정수인 '심미적 이성'에 감화를 받아 인문학도의 길을 걷게 된 문화평론가 정윤수 한신대 교수가 참여해 인터뷰를 더욱 풍성하게 했다.

'주문 생산' 하다 보니
정작 쓰고 싶은 글 못 써 아쉬워

1937년생이면 우리 나이로 여든이신데, 여전히 바쁘시다는 말씀을 들었습니다.

<u>김우창</u>　기록이 잘못됐어요. 원래는 36년생입니다. 꽤 바쁘지요. 자문위원장으로 있는 네이버문화재단 사무실에 일주일에 두 번 나오고, 재단에서 하는 인문학 강의도 준비해야 하고요. 거기다 원고 청탁을 매정하게 거절하지 못하는 성격이라 밀린 원고도 쌓여 있어 늙은 사람이 정신이 없습니다.

민음사가 기획한 『김우창 전집』이 지난해까지 7권 나왔습니다. (『김우창 전집』은 2016년 9월에 19권으로 완간되었다.) 1964년부터 2014년까지 50년 동안 발표한 글에 미발표 원고까지 더해 원고가 5만 5천여 매에 이른다고 하더군요. 엄청 쓰셨는데, 이렇게 많이 쓰려면 많이 읽어야지요?

<u>김우창</u>　글 많이 쓰면 책 많이 못 읽어요. 시간이 부족하니까. 책 많이 읽고 글도 많이 쓴다는 말은 맞지 않습니다. 글 많이 쓰면 책 많이 못 읽고, 책 많이 읽으면 글 많이 못 쓰지요. (웃음)

그래도 읽고 싶은 욕구는 여전하시지요?

<u>김우창</u>　아뇨. 책 읽어서 뭐합니까? 책 읽어 봐야 소용없습니다. (웃음) 그저 가만히 앉아 있는 게 제일 좋아요. (웃음)

"책 읽어서 뭐합니까?"라니? 독서광으로 정평이 난 인문학 대가로부터 예기치 못한 답변이 튀어나왔다. 소설가 김훈이 어느 에세이에서 "아무리 생각해도 책에는 길이 없다."라고 쓴 것과 비슷한 맥락일까?

지난해 광주에서 기차를 타고 올라오다 『녹색평론』 발행인인 김종철 선생을 만나 선생님 얘기를 나눈 적이 있습니다. 김종철 선생도 생태나 환경 문제에 대해 독보적인 영역을 개척한 대단한 분 아닙니까? 그런 김 선생이 "책에 관한 한 나는 김우창 선생을 흉내도 낼 수 없다."라고 하더군요. "김 선생 댁이나 연구실에 갈 적마다 서재와 책상에 있는 책들을 훑어보는데, 페이지마다 새까맣게 메모가 되어 있더라."라면서요. "나 같은 사람은 책을 건성으로 읽거나 꽂아 놓기만 하는데, 김 선생은 세상의 모든 책을 다 읽는 게 확실하다."라는 거예요.

<u>김우창</u>　제가 이제부터 김종철 선생에 대한 평가를 낮춰야 되겠습니다. (웃음) 잘 모르면서 급하게 한 칭찬이지요. 읽지도 않은 책이 수두룩한데, 전부 조사도 하지 않고 일부만 보고 과장하신 겁니다. 하도 글쓰기 숙제(그는 원고 청탁을 이렇게 표현했다.)가 많아 요즘도 책을 많이 못 읽어요.

만일 시간이 주어진다면 어떤 책들을 우선 읽고 싶으신지요?

<u>김우창</u>　옛날에 읽었던 책들, 오래 전에 인상적으로 읽었던 책들, 그런 책들을 다시 보고 싶습니다. 시간이 흘러가고 경험이 쌓이는 데 따라 감동과 감흥이 다를 터이니까요. 요즘은 특히 고전을 다시 읽고

생각할 수 있는 기회를 갖고 싶다는 욕구가 커져요.

주로 어떤 고전들입니까?

<u>김우창</u>　플라톤(의 저서들)과 『논어』, 『맹자』 등 동서양 철학서는 물론
이고 고전으로 분류되는 문학 작품들도 다시 보고 싶어요. 독일어 공
부하려고 고등학교 때 괴테 『파우스트』를 원서로 읽었는데, 그때 감
명 깊었던 대목에 이런 게 있습니다. "무엇을 찾는 사람은 길을 잘못
들기 쉽다. 그러나 그런 사람은 구원받기도 쉽다." 이런 대목을 세월
이 지난 지금, 다시 생각해 보고 싶은 것이지요. 토마스 하디의 시에
는 이런 구절도 있습니다. "나이를 먹어야 세상을 깨닫는데, 깨닫고
나면 아무 소용도 없는 나이가 된다." 현재의 중요성을 강조한 건데,
역시 나이 들고 읽으면 다른 감흥이 느껴지지요.

글쓰기 숙제는 대개 어떤 것들입니까?

<u>김우창</u>　네이버문화재단에서 진행하는 인문학 강의도 준비가 꽤 필
요합니다. 게다가 꼭 써 주셔야 한다는 청탁들이 많이 들어오고 있어
요. 제가 젊었을 때, 송욱 서울대 영문과 교수의 연구실에서 소설가
김훈 씨 아버님이신 소설가 김광주 선생을 잠깐 뵌 적이 있습니다.
김광주 선생께서 자신의 글쓰기 형편을 한탄하면서 자기는 동네 양
복점이 주문에 맞춰 양복을 짓듯이 글을 주문 생산을 하느라 본격적
인 자기 작품을 제대로 쓰지 못했다는 거예요. 지금이야 다 만들어진
양복을 사 입지만 예전에는 신체 치수에 맞춰 양복을 만들어 입었잖

아요? 주문 들어오는 대로 맞춰 쓰다 보니 정작 쓰고 싶은 큰 작품을
못 썼다는 겁니다. 재작년 봄에 제 책 『체념의 조형』 출판 기념회 집
담회 자리에서 저도 김광주 선생처럼 주문 생산자가 됐다고 고백하
기도 했습니다.

주문이 들어오면 과감하게 끊어 버리시지요.

<u>김우창</u>　　그게 결코 그렇게 안 됩니다. 주문이 보통 몇 달 여유를 두고
들어오니까 청탁받을 때는 시간이 나겠지 하면서 받아들이게 돼요.
게다가 대개 아는 사람들로부터 청탁이 들어오니까 매정하게 거절하
기도 쉽지 않고요.

　　그의 서울대 문리대 선배인 불문과 출신 박맹호 민음사 사장은 "내가 함께
일해 본 사람 가운데 가장 깔끔한 선비"라고 '인간 김우창'을 평가한 적이 있
다. "자기 것은 아무것도 못 챙기면서 남들에 대해서는 아주 작은 것까지 걱정
하는 사람"이라는 것이다. 인문주의자다운 이런 여린 성격 탓에 그는 여전히
손해를 보고 있는 셈이다.

늙어도 끝없는 호기심,
인문학 강좌로 욕구 풀어 줘야

대학에서 인문학의 위기가 거론된 게 어제 오늘의 얘기가 아닙니다. 그런 상황에

서 지난해에 서대문구와 이화여대가 함께 하는 아고라 인문 강좌에 몇 번 가 봤습니다. 평일인데도 저녁 6시 30분이 되니까 2천 석이 넘는 이화여대 대강당이 입추의 여지없이 꽉 차더라고요. 할아버지, 할머니부터 은퇴한 장년층과 직장인, 아주머니, 대학생, 심지어 고교생들도 눈에 띄더군요. 대학에서는 인문학의 위기가 거론되고, 대학 울타리 밖에서는 인문학 강좌에 구름 같은 인파가 몰리는 이 상황, 어떻게 봐야 합니까?

<u>김우창</u>   인문학이 일반인들한테 관심과 인기의 대상이 되는 건 우리가 사는 세상이 그만큼 각박하고 위험해졌다는 걸 반영하는 것이지요. 인생이라는 걸 다시 생각해 보지 않으면 안 된다는 절박한 느낌이 드는 겁니다. 딱 정해진 길이 있으면 다시 생각해 볼 것도 없잖아요? 우리 사회가 어느새 정해진 길이 다 없어진 그런 사회가 됐다는 반증이지요. 내 말이 모순 덩어리처럼 들리겠지만, 사람들은 먹고살 만해지면 더 갈팡질팡합니다. 먹고사는 문제가 절박하면 당장에 먹고살 문제를 해결하기 위해 자기의 모든 기운을 거기에 바치게 되지요. 도대체 갈팡질팡할 여유와 이유가 없는 것입니다. 인문학에 대한 세간의 관심이 많아지는 건 좋은 일이지만, 다른 한편으로는 우리 사회가 방향을 상실했다는 걸 보여 주는 것이기도 하지요.

말이 나온 김에 평생교육에 대한 선생님의 의견을 듣고 싶습니다.

<u>김우창</u>   평생교육에도 인문과학이나 자연과학 같은 순수 학문 강좌가 반드시 필요합니다. 사람은 나이가 들어도 호기심이 여전한 법이거든요. 하늘의 별 모양과 별 이름도 알고 싶고, 지구의 역사나 생명

체의 본질 등에 대해서도 알고 싶어 하지요. 삶과 죽음의 문제 같은 존재론적 공부는 물론이고요. 사람이란 누구나 보편적 인간 인식, 세계 인식에 대한 욕구가 있습니다. 인문학 강좌에 사람들이 몰리는 것도 같은 이유라고 봅니다.

아무래도 일반인들을 위한 평생교육에는 실용적이고 현실에서 써먹을 수 있는 이론이나 기술에 대한 강좌가 많습니다. 이런 실용적 교육에도 인문학적 깨우침이 필요한가요?

<u>김우창</u>　그렇습니다. 장인처럼 일을 잘할 수 있게 하는 게 우선 필요하겠지요. 하지만 그 일의 성격을 이해하고 일의 의미를 깨우치도록 하는 데까지 나가야 합니다. 일본에서는 우동집에서 손님이 국물을 안 먹고 가면 먹다만 국물을 주인이 다 마신대요. 왜 손님이 국물을 남겼는지, 마음으로 깨달으려는 것이지요. 자기가 하는 일을 완전하게 하겠다는 간절한 마음이 깔려 있는 겁니다. 자신이 하는 일에 장인적인 헌신과 노력을 다하도록 사람의 마음을 바꾸는 역할, 이게 평생교육의 진정한 인문학적 역할입니다.

평생교육에 필요한 것,
외로움·고독 견디는 교육·훈련

혹시 평생교육에 보완되어야 한다고 생각하시는 게 있나요?

김우창 거창한 인문학도 좋지만 고독한 것, 외로움을 참고 견디는 교육이나 훈련을 해 주세요. 요즘 들어 사람들과 떨어져서는 못 살겠다는 사람들이 많은데, 이거 큰 문제입니다. 자신에게 의미 있는 삶을 산다는 건 결국 다른 사람들로부터 떨어져 나간다는 걸 말하는 것이에요. 그런데 어떻게 자신한테 의미 있는 것과 다른 사람에게 의미 있는 것이 일치할 수 있겠습니까? 그러니까 고독감이나 외로움을 참고 견딜 수 있어야 합니다. 고독 훈련이라는 것도 사람 사는 것의 일부라고 인정해야 한다는 거지요. 우리 사회가 너무 흔들리고 불안하니까 혼자 있으면 못 견딥니다. 혼자 정신 수양도 하고 취미 생활도 하는 훈련이 필요하지요. 혼자 열심히 사는 사람이 결국 사회에 기여하는 사람이 되기 쉬운 법이에요. 진짜 위대한 발견을 하는 사람은 남의 눈치를 보지 않고 자기 일만 열심히 하는데, 결국은 그런 사람이 사회에 기여하게 되지요. 혼자 견디는 훈련, 고독을 참는 훈련, 우리나라 평생교육에 꼭 필요한 대목이라고 봅니다.

인문학적 성찰로 반세기 이상을 보낸 원로 인문학자에게 최근의 기업 경영식 대학 운영이 좋게 보일 리 없겠다 싶어 물었다.

작년에 염재호 고려대 총장이 대학 운영 방식을 바꿔 학문이 바르게 성장할 수 있도록 하겠다고 밝혔습니다. 마침 며칠 전 김용학 연세대 신임 총장이 취임사에서 "문사철 중심의 인문 정신이 대학에 다시 서게 하겠다."라고 선언했고요. 몇 년 전만 해도 경영에 능한 분들이 대학 총장을 했는데, 사학 명문인 고려대와 연세대의 두 총장이 대학 운영에서 상당한 방향 선회를 약속했는데요.

<u>김우창</u>　이젠 기업 경영식이 아닌, 새로운 방식의 대학 운영이 불가피하다는 생각이 새로 생긴 것이지요. 지금까지는 경제 성장을 하고 먹고사는 데 모든 정력을 다 바치다가, 그것만으로는 무언가 부족하다는 자각이 대학 안에까지 들어온 겁니다.

오랫동안 인문학을 가르치면서 대학이 어떻게 바뀌어야 하는가에 대해서도 생각을 많이 하셨을 터인데요.

<u>김우창</u>　인문과학이나 자연과학 같은 기초 학문과 경제와 경영 등 응용 학문들이 양립하는 게 절대 불가능한 게 아니거든요. 저는 대학의 학부에서는 기초 학문을 중심으로 한 광범위한 교양교육을 하고, 전문교육은 대학원에서 실시하면 된다는 얘기를 수십 년 전부터 해왔습니다.

　잘 알려져 있듯이, 미국 하버드대나 예일대 같은 대학들은 단과대학으로 입학하는 게 아니에요. 하버드 칼리지로 입학한 뒤 자기 마음대로 교양 과목들, 그러니까 인문과학과 자연과학 등 기초 학문을 공부하다가 3학년 올라갈 때 전공을 선택하거든요. 하버드 칼리지를 담당하는 교수진 명칭이 아예 'faculty of arts and sciences', 한마디로 '문리(文理)과 교수진'인 겁니다. 우리식으로 경제학과 교수, 경영학과 교수, 이렇게 되어 있지 않아요. 예전의 우리나라 문리과, 옛날 서울대 문리과대학처럼 순수 인문과학과 순수 자연과학을 'faculty of arts and sciences'가 담당해서 가르치는 겁니다. 'business school(경영

대)'이나 'school of government(행정대)' 같은 곳은 대학원에나 가야 있어요.

사실 우리나라도 얼마든지 이렇게 할 수 있거든요. 경제, 경영과 관련되는 학문과 교양교육으로서의 인문과학과 자연과학을 양립하는 게 불가능한 게 아니니까요. 인문과학이라고 황당한 상상력으로 하는 게 아니라 어디까지나 과학의 일부니까요. 그래서 저는 '인문학'보다 '인문과학'이라는 말을 더 좋아합니다. '인문학자'보다는 '인문과학자'라는 말이 좋고요. 인문과학도 과학인 이상 당연히 자연과학적인 기초와 연결되어야 합니다.

이쯤에서 우리 시대의 대학자에게 공부의 길을 묻고 싶었다. 단도직입적으로 질문을 던졌다.

공부는 어떻게 해야 합니까?

<u>김우창</u> 학생들이 물어 오면 농담 비슷하게 세 가지 공부를 하라고 말합니다. 우선, 직업에 관계된 공부를 하라고 합니다. 일단 먹고살아야 하니까요. 다음은 돈은 안 되지만 자기가 좋아하는 걸 공부하라고 합니다. 문리과에 속하는 순수 이론적인 학문이나 자기 교양에 관련된 것들이 대부분이겠지요. 마지막으로는 위 두 영역이 포개지는 학문 주변을 널리 공부하는 것을 권합니다. 가령, 영문학일 경우 문학 일반과 철학을 두루 공부하는 식이지요. 이 마지막이 가장 중요합니다.

세 자녀를 외국 유명 대학 교수로 키운 비결,
'방치'

　재작년 초 『아빠의 수학여행』이라는 책을 펴내 '천재 아빠의 특별한 자녀 교육법'으로 화제를 몰고 온 영국 옥스퍼드대 수학과 김민형 교수가 그의 둘째 아들이다. 김 교수는 중1 때 신장염을 앓는 바람에 중·고교 검정고시를 거쳐 서울대 수학과에 입학했다. 그 뒤 서울대 개교 이래 최초의 조기 졸업, 한국 최초의 옥스퍼드대 정교수 등의 기록을 남겼고, 시와 클래식 음악을 사랑하는 수학자로도 유명하다. 18, 19세기 낭만주의 영시(英詩)를 줄줄 외우기도 한다. 쇼팽 마니아인 김 교수를 최근 어느 신문은 인터뷰 기사에서 "시적(詩的) 수학자 (poetic mathematician)"라고 명명했다.

자녀 교육을 위한 특별한 비법이 있습니까?
<u>김우창</u>　옥스퍼드 최초 교수? 그거 열등감의 표현입니다. 그런 게 대단하다고 하는 것 자체가 우리 생각이 아직 정돈되지 않았다는 반증이지요. 그 아이 자랄 때만 해도 자기가 알아서 잘하겠지 하는 생각에서 저나 집사람이 완전히 방치했거든요. 대학 갈 때 준 지침은 단하나, '순수 학문'을 전공하라는 것이었습니다.

펜실베니아대에서 교수를 하고 있는 장남의 경우는 어떻습니까?
<u>김우창</u>　큰아이는 서울대 문리과대학 미생물학과를 나왔는데, 고등

학교 때 학교에서 아이더러 성적이 안되니 서울대 원서를 써 줄 수 없다고 했어요. 그래서 그랬지요. 되든 안 되든, 아이가 원하는 대로 하자고요. 그랬더니 학교에서 떨어져도 뭐라고 하지 않겠다는 서약서를 쓰라는 거예요. 그래서 서약서 쓰고 입학시험을 본 겁니다. 살벌했는데, 지금은 더 살벌해진 것 같아요. 요즘 어떤 사람이 자식한테 잠을 4시간만 자야 서울대를 간다고 했다기에 잠을 제대로 자는 게 서울대 가는 것보다 훨씬 중요하지, 부모 입장에서 그게 할 말이냐고 한마디 했지요. 그렇게 살벌해진 것이지요. 지금 생각해 보면 우리 애들 키울 때 저나 집사람이 젊어서 느긋할 수 있었던 것 같아요. 솔직히, 요즘 같은 지독한 경쟁의 시기라면 진짜 불안했을 겁니다. 학원이라도 보내고 과외 공부도 시키고 그럴 것 같아요. 자녀 교육 때문에 불안해하는 부모들의 심정을 나이가 드니까 충분히 이해하게 됩니다.

선생은 2남 2녀를 두었다. 장남은 서울대 미생물학과를 졸업한 뒤 미국 펜실베니아대에서 교수로 재직하고 있다. 큰딸 역시 영국의 명문 글래스고대에서 수학과 컴퓨터를 가르치고 있다. 작은딸은 미국에서 변호사를 하다 지금은 음식점을 경영한다.

어느 글에서 "이력서에 쓸 수 있는 내용이야말로 당사자와 무관한 것이다. 역설적으로 이력서에 쓸 수 없는 것이야말로 그 사람을 구성하는 요소이다."라고 쓰셨지요?
<u>김우창</u>   지금도 그렇게 생각합니다. 나하고 아주 가까운 친구와 어

디서 어떤 이야기를 하면서 즐겁게 지냈다, 뭐 이런 얘기를 이력서에 쓸 수는 없잖아요? 이력서라는 건 순전히 외적 관점에서 본 것들만 쓰게 되어 있습니다. 인구가 적으면 이력서가 없어도 되지요. 모두 직접 접해 볼 수 있으니, 이 사람이 어떤 사람이라는 걸 알거든요. 인구가 많으면 이력서를 보고 이 사람은 이 고등학교, 저 사람은 저 대학교 나온 사람, 이렇게 평가할 수밖에 없는 노릇이지요. 성적이나 점수도 마찬가지입니다. 수능 100점, 90점, 80점 맞은 사람들 사이에 얼마나 차이가 있겠습니까? 이게 사실 싸움 못 하게 하는 방법이거든요. 너는 100점이니 합격, 너는 90점이니 불합격, 이러면 꼼짝을 못 하지요. 똑같이 95점을 맞았는데 너는 사람이 더 나은 것 같아 합격이고 다른 사람은 그렇지 않아 불합격이라면 싸움 나고 소송 들어오고 난리가 날 거예요. 이처럼 점수가 진짜 실력을 나타내는 게 아닌데 사람 수가 많아지면 그걸 가지고 판단할 수밖에 없게 되지요. 사실 교수 자격 심사 같은 것도 사람 수가 늘어나니까 계량화된 수치 가지고 임시방편으로 심사하는 것이지 그게 절대적인 기준이라고 생각하면 큰 착각입니다.

정치에 뜻 두고 정치학과 입학, 강의에 절망한 뒤 영문과로 전과

선생은 전남 함평에서 태어나 한국 전쟁이 한창이던 1951년 광주고등학교에 입학했다. 아는 사람은 다 아는 얘기이지만, 그가 처음 입학한 과는 인문학이 아니라 사회과학을 공부하는 곳이었다.

1954년에 광주고를 졸업한 뒤 서울대 정치학과에 입학하셨죠? 당시는 한국 전쟁 직후로 우리 사회가 상당한 격변기였을 텐데, 정치학과는 왜 들어가셨습니까?

<u>김우창</u>　정치 활동에 대한 관심도 없지 않았지만 고교 친구들이 우르르 정치학과에 간다기에 따라간 것이지요. 아마 그해에 제가 나온 광주고가 전국에서 서울대에 가장 많이 들어갔을 겁니다. 왜냐하면 한국 전쟁 당시 광주는 전쟁의 영향이 가장 적은 평화 도시였거든요. 경기도나 대구 쪽은 인민군이 내려와서 전쟁이 계속됐는데, 광주는 인민군이 1950년 8월에 와서 9월에 후퇴한 뒤 다시 침공을 받지 않았어요. 광주에서 전쟁의 남은 흔적은 지리산에서 노령산맥으로 이어지는 산악 지대에 빨치산들이 군데군데 활동하는 정도였지요. 빨치산들은 도시 지역에는 못 내려왔으니까 광주의 경우는 전쟁의 한가운데 있는 평화 지역이었습니다. 평화 지역에서 공부한 학생들이 서울대에 많이 들어간 건 당연했던 것이지요. (웃음)

정치학도가 왜 영문과로 전과를 하셨나요?

<u>김우창</u>　고교 동기생이 다섯 명인가가 정치학과에 입학했어요. 그런데 강의를 들어 보니까 영 재미가 없는 거예요. 정치나 사회 현실을 설명해 주는 강의는 별로 없고 죄다 추상적이고 이론적인 강의들인 겁니다. 사실 고등학교 다닐 때 광주 헌책방에 일본 책들이 엄청 많

있습니다. 헌책방 한 곳 주인이 초등학교 때 담임 선생님이었는데, 선생님이 철학 책이나 세계 문학 전집들을 추천해 무지하게 읽었습니다. 그런 사람한테 따분하고 추상적인 정치 이론이 흥미가 없었던 것이지요. 2학년에서 3학년 올라가면서 하고 싶었던 문학과 철학을 함께 하기 위해 영문과로 옮기게 됐습니다.

헌책방에서 책도 많이 보고, 책방 주인이 교사 역할도 하고, 영락없는 평생교육의 선구자이십니다. (웃음)

<u>김우창</u>   그때는 헌책방 주인이 선생이었어요. 책방 주인이 무슨 책을 읽고 있느냐고 묻고는 그러면 이런 책도 읽어 봐라, 하면서 새로운 책을 추천해 주었어요. 우리 집에서 학교까지 한 시간쯤 걸어가야 하는데, 그때는 자동차가 없어서 멍하게 걸어 다녔지요. 그런데 아침에는 부지런히 학교로 가지만 방과 후에 집에 올 때는 이 책방에서 이 책 보고, 저 책방에서 저 책 보고, 그런 식으로 부지런히 읽었습니다. 인문학적 교양이 최초로 쌓이던 시절이었지요.

가장 좋은 세상은
정치를 가까이 할 필요 없는 세상

정치학과 얘기가 나온 김에 '정치'로 화제를 돌렸다. 원로 인문학자는 '정치'를 어떻게 생각할까?

'정치'를 어떻게 생각하십니까?

<u>김우창</u>　이 재미없고 따분한 세상에서 가장 좋은 흥분제이지요. (웃음)

선생님은 한때 정치학도답게 "정치를 가까이 할 필요가 없는 세상이 가장 좋은 세상"이라고 쓰신 적이 있습니다.

<u>김우창</u>　옛날도 그렇고 요즘도 그렇고, 누가 대통령이 되든 나와 무슨 상관이 있습니까? 대통령이 나하고 대화하는 것도 아니고, 정책이 크게 바뀌는 것도 아니고요. 혁명이나 일어나면 좀 바뀔지 모르지만. 그러니 정치에 너무 큰 관심을 가질 필요가 없는데, 우리나라는 두 가지 이유에서 필요 이상의 관심을 정치에 보내는 것 같습니다.

　하나는, 실제 우리 사회가 아직도 안정이 덜 된 사회라서 정치가 한번씩 흔들어 놓으면 큰일이 생기니까요. 두 번째는, 옛날부터 우리나라 사람들이 출세하려고 과거 시험에 목을 맸지요. 정치가 출세의 지름길이라는 전통적 인식이 과도한 관심을 불러일으킨 것입니다. 미국에서 조사했다는데, 대통령이나 수상을 한 사람은 보통 사람보다 평균 4년 빨리 죽는대요. 그런데도 너도나도 대통령 하겠다는 걸 보면 출세에 대한 우리나라의 전통이 완강한 것이지요.

지금의 정치, 어떻게 바뀌어야 하나요?

<u>김우창</u>　지금 우리는 정치와 정책을 혼동하고 있어요. 정치학이 정책학이 되면 안 됩니다. 미국에서도 정치학이 정책학화되면서 정치에

대한 깊은 이해와 관심이 크게 줄었습니다. 정치는 사회과학적인 정책이 아니라 사람과 세계에 대한 깊은 인문학적 관심이 그 출발이어야 하지요.

인문학을 이해하는 정치인이 필요하다는 말씀이군요.

<u>김우창</u>　　그렇습니다. 미국에서 공부할 때 도시의 역사를 다루는 과목이 있었어요. 프랑스와 영국 등 유럽에서 도시가 어떻게 발달했는가를 공부하는 과목이었지요. 그런데 이 과목 필수 독서 리스트에 근대 유럽에서 도시화가 진행되면서 일어난 각종 사회적 변화를 다룬 발자크나 디킨즈의 소설 작품들이 잔뜩 있더군요. 단순한 사회과학적 이론만으로는 안 된다, 세상살이와 그 변화에 대한 인문학적 통찰이 필요하다는 것입니다.

선생은 한 신문의 칼럼에서 한국 정치에 대해 이렇게 썼다. "한국 사회에 넘치는 것이 정치적 정열이다. 문제가 많은 사회에 있어 이것은 당연하다. 그러나 모든 작은 문제에까지도 이념과 당파와 정열이 동원되는 일이 옳은가? 그러다 보면 사람의 구체적 삶이 현실의 시계에서 보이지 않는다."

"정의만 가지고는 참된 정의가 실현되지 못한다."라고 쓰신 적이 있고, "세상에서는 정의만큼이나 아름다움도 중요하다."라는 독특한 인식을 토로하신 적도 있더군요.

<u>김우창</u>　　'아름다움 자체'가 아니라 '아름다움을 존중하는 마음'이 중요하다는 얘기를 한 겁니다. 아름다움은 사람 사는 데 궁극적이고 유

일하게 틀림없는 가치이지요. 아까 제 사무실에 들어오면서 경치가 좋다고 하던데, 경치가 좋으면 뭐합니까? 먹는 게 생기는 것도 아니고, 아무것도 아닌데요. (김 선생 방은 북쪽으로 난 한쪽 벽면 전체가 통유리로 되어 있어 청와대와 북악산 전경이 그림같이 한눈에 들어온다.) 우리가 풍경이나 경치가 좋다고 생각하는 것은 있는 것을 그대로 인정하는 가장 쉬운 방법이 아름다움이기 때문인 것입니다. 꽃을 보면서 "국 끓여 먹을 수도 없는 걸 뭐하러 가져 왔냐."라고 할 수 있지만, 꽃이라는 건 그 자체로 좋은 것이지요. 우리가 살아가는 세계에서 있는 그대로를 인정하게 하고 인생을 긍정적으로 보게 하는 게 아름다움입니다. 방이 정돈되지 않아도 사는 데 아무 지장 없는데 그래도 정돈이 되어 있으면 마음이 편하잖아요? 사람 마음이 스스로 편안한 순간 하나하나를 긍정하는 것, 이게 아름다움이지요.

"꽃이나 나무가 그 자체로 아름답듯이, 우리가 사는 사회 역시 여러 구성 요소들이 모두 그럴 법한 위치에 있으면서 서로 조화를 이루어야 사회가 안정되고 아름다워진다. 그리고 문학이나 교육이 갈구하는 게 바로 그런 상태."라는 말씀을 1981년에 펴낸 평론집 『지상의 척도』에서 강조하셨지요? 그 뒤로 35년 가까이 지났는데도 우리 사회는 동요가 더 심해지는 것 같아 걱정입니다.

김우창　끊임없이 변해 가는 게 사회입니다. 단군 이래 우리 사회가 가장 많이 변한 시기가 지난 백 년 사이일 거예요. 지금 우리가 이 방에서 소파에 앉아 얘기하고 있는 것 자체가 조선조 사람들은 상상할 수조차 없는 것이지요. 사회도, 사람살이도 엄청나게 바뀌었고, 그러니까 동요도 불가피한 것입니다. 그런데 바로 그 동요가 사회를 나쁘게 하기도 하고 좋게도 하고 그렇거든요. 그 동요가 사람다운 사회를 건설하기 위한 동요라면 받아들여야지요.

선생은 정치학과로 입학해 2년을 다녔다는 이유로 종종 정치학과 동창 모임에도 나간다.

<u>김우창</u>　정치학과 동창 모임에 가 보면 장관 출신 등 대부분 출세한 사람들이에요. 반대로 영문과 동창회에 가 보면 출세한 사람이 하나도 없더라고요. (웃음)

인터뷰를 청하기 위해 김우창 선생에게 전화를 걸었다. 휴대폰을 사용하지 않는 탓에 선생과의 연락은 늘 집 전화로 해야 한다. 몇 차례 신호가 가더니 "여보세요."라는 젊고 힘찬 목소리가 들렸다. 순간, 겨울방학을 맞아 한국에 왔다는 둘째 아들의 일간지 인터뷰 기사가 떠올랐다. "김우창 선생님 계신지요?"라고 물으니, "제가 김우창이올시다."라는 대답이 돌아온다. "아드님인줄 알았습니다. 목소리가 최소 몇십 년은 젊어지셨네요."라고 덕담을 했다. 수화기 너머로부터 수신자의 기분이 좋아지고 있음이 그대로 전해진다. 삶과 인생을 고뇌하는 대인문학자에게도 '젊다는 덕담'은 꽤 듣기 좋게 들렸던 모양이다.

최재천

개미와 영장류 등 동물의 행동 및 생태를 연구하는 세계적인 생물학자이자 자연과학과 인문학 등 학문 간 소통을 강조해 온 우리 시대의 대표적인 '통섭 전도사'이다. 1954년 강원도 강릉에서 태어났다. 1972년 서울 경복고를 졸업한 뒤 1977년 서울대 동물학과를 졸업했다. 1982년 미국 펜실베이니아주립대 대학원에서 생태학으로, 1986년 하버드대 대학원에서 생물학으로 각각 석사 학위를 받았다. 1990년 하버드대 대학원에서 이학 박사 학위를 취득했다. 1992년부터 하버드대 전임강사, 미시건대 조교수, 터프츠대 조교수를 거쳤으며, 1994년부터 2006년까지 서울대 자연과학대 생물학과 및 생명과학부 교수로 재직했다. 2006년 이화여대 대학원 에코과학부 석좌교수로 자리를 옮겼다. 2013년 국립생태원 초대 원장으로 부임해 2016년까지 근무했다. 저서로 『생명이 있는 것은 다 아름답다』, 『통섭』, 『거품 예찬』 등이 있다.

언제든 공부하자,
'4년제 대학'을
'100년제 대학'으로

　최재천 국립생태원장은 어느 인터뷰에선가 국립생태원은 대한민국
의 오지 가운데도 꽤 오지에 자리 잡고 있다고 말했다. 인터뷰 약속이 잡
힌 날, 승용차로 국립생태원이 있는 충남 서천을 향해 출발하면서 이 말
이 떠올랐다. 그러고는 '서해안 고속도로상에 있는 충남 서천에 있는데
오지라니.' 하고 의아해했다. 인터뷰 팀이 서울시평생교육진흥원이 있는
서울 마포구 도화동에서 출발한 시각은 오후 1시30분. 일행이 국립생태
원에 도착한 시간이 5시쯤이었으니 3시간 30분 가까이 걸린 셈이다.
　"먼 길 와 주셔서 감사합니다. 이 오지까지……."
　최재천 원장은 인터뷰 팀이 자리에 앉기 무섭게 또다시 '오지'를 거론
했다.
　"원장님이 어느 인터뷰에서 국립생태원이 꽤 오지라고 했기에 도회
지와 멀리 떨어져 있는 생태원의 자연·생태적 입지 조건을 은근히 자랑
하려는 건 줄 알았습니다. 그런데 오늘 직접 와 보니 오지 중에서도 오지
가 맞네요. 요즘은 부산도 2시간이면 가고, 제주도 역시 1시간이면 가니
까요. 서울서 3시간 30분이면 엄청 오지가 맞습니다."
　최 원장은 껄껄 웃으며 "지금 대한민국에 이런 오지가 몇 군데 없을
겁니다."라며 "아직 두루 둘러보시지는 못했지요?"라고 묻는다. "인터뷰
약속 시간 30분쯤 전에 도착했는데, 축구장 90개를 붙여 놓았다는 엄청

난 규모에 놀라 포기하고 다음 기회에 본격적인 탐방을 하기로 했습니다. 대신 게스트 하우스와 강당 등 몇 가지 시설들을 둘러보았는데, 생각보다 꽤 깔끔하고 편리하게 되어 있더군요. 특히 게스트 하우스는 아주 자연 친화적이면서도 도시적인 세련미까지 가미되어 있는 것 같아 인상적이었습니다."

최재천 원장과의 인터뷰는 우수 직전이어서인지 맑은 날씨에 봄기운까지 감도는 2016년 2월 17일 국립생태원 원장실에서 오후 5시 30분부터 오후 7시까지 1시간 30분 가까이 진행됐다. 인터뷰는 배움과 깨우침의 참뜻을 헤아려 본 뒤 현재 우리나라 평생교육의 문제점과 해결해야 할 과제, 나아갈 방향을 들어 보기 위해 마련됐다.

잎꾼개미 전시 시작,
대박 확신

국립생태원이 이런 오지에 있으니 더욱 보석같이 느껴집니다. 그래야 사람들이 보석을 찾으러 오지요. 잠깐 둘러보았지만 환경과 시설 등 여러 가지가 참 좋습니다.

<u>최재천</u>   '잎꾼개미'라고 부르는 개미가 있습니다. 이파리를 잘라다가 그것으로 버섯을 길러서 먹는, 지구 최초의 농사꾼이지요. 오늘, 그 개미에 대한 전시를 시작했습니다. 제가 농담으로 그럽니다. "국립생태원에서 잎꾼개미를 전시하는데, 이 전시를 보고 싶어 하지 않는다거나, 보고 나서도 재미가 없다는 사람은 정신병원에 가야 된다고요."(웃음)

'일꾼개미'가 아니고 '잎꾼개미'입니까?

<u>최재천</u>   네, '잎꾼개미'입니다. 처음 우리 학자들이 '가위개미'라고 번역했지요. 왜냐하면 이 개미가 턱을 가지고 이파리를 자르는 게 가위질을 하는 것처럼 보였나 봐요. 하지만 톱처럼 이렇게 자르거든요. (흉내를 내며) 가위는 틀린 말이라 제가 새 이름을 짓겠다고 했습니다. 산에서 나무하는 사람을 나무꾼이라고 하잖아요? 그래서 '잎을 하는 개미'다 해서 '잎꾼개미'라고 이름을 붙였지요. 저는 주로 열대 정글을 돌아다니는 사람이지만, 보통 도시에 사는 사람들은 이 개미가 정

말 신기할 거예요. 이번 전시가 정말 '대박'을 칠 거라고 확신합니다.

그 정도면 언론에 홍보도 좀 하고 그러지 그러셨어요?

<u>최재천</u>　그러지 않아도 오늘 SBS에서 취재해 갔습니다. 오늘 저녁 뉴스에 나갈 겁니다. 김영철 원장님은 언론계에 오래 계셨다고 들었는데 혹시 박원순 시장님께 낚인 케이스 아닌가요? (웃음) 그분이 사람 낚는 재주가 아주 대단합니다. 저도 예전에 '제돌이'라는 이름의 돌고래를 방사할 적에 박 시장님께 제대로 낚인 적이 있었지요. (웃음)

원장님은 늘 자연과학과 인문학의 통섭, 학문의 융합을 강조하셨습니다. 평생교육은 제도화되고 전통적인 학문의 영역이라기보다, 대부분 삶의 문제를 실제로 해결하는 측면에서 이루어지고 있습니다. 그런 까닭에 전통적인 학문의 벽을 허문 상태에서 자연스럽게 통섭이나 융합이 이루어진다고 할 수 있지요. 지금 서울시 25개 자치구의 평생교육관에서 진행되는 강좌 수가 15만 개쯤 됩니다. '영화로 보는 유럽 현대사' 같은 고급 인문 강좌부터 '떡방아 찧는 요령', 이런 것까지 있어요. 저는 평생교육 강좌의 상당 부분에서 학문 간의 통섭과 융합이 이미 이루어진 게 아닌가 하는 생각을 합니다. 이런 맥락에서 통섭과 융합의 전문가이자 전도사이신 원장님과 이야기를 나누고 싶어 이 오지까지 (웃음) 작정하고 인터뷰를 하러 왔습니다.

　본격적인 질문에 앞서 이번 인터뷰의 의미를 설명하는 동안 인터뷰 팀은 그의 집무실을 죽 둘러보았다. 그곳에선 자연과학자이자 생태학자의 다소 소박한 연구실 겸 접견실 분위기가 물씬 풍겼다. 테이블 위에는 국립생태원을 상징하는 각종 기념품이 즐비하게 놓여 있었고 책꽂이에는 역시 생태원이 발행하는 각종 소개 및 교육 책자들이 종류별로 가지런히 꽂혀 있었다. 바로 이런 게 공무원 출신 기관장과는 다른, 학자 출신 기관장의 모습이 아닐까.

관리 경험 전무 상태서 원장 부임,
공부 통해 저항 뚫고 대대적 구조 개혁

원장님 방이 마치 연구실 같습니다.

최재천　아시다시피 정부 산하 기관장의 경우 집무실의 공식 규모와 규격이 정해져 있잖아요? 아마 거기에 비하면 공간도 좁고 규모도 작을 겁니다. 제가 행정가가 아니라 연구자로 죽 성장했기 때문이 아닐까 싶어요.

2013년 10월에 초대 원장으로 부임하셨지요? 이곳에서 생활하신 지 이제 2년 반 정도 되었는데, 임기가 끝나 가는 것이 아쉬우시겠습니다.

최재천　별로 아쉬울 건 없습니다. 사실 그간 많이 힘들었어요. 제가 보직을 해 본 적이 없는 교수였거든요. 조직 관리나 행정 경험이 전혀 없는 상태에서 뛰어들었으니까요.

그 좋다는 대학 보직을 안 해 보셨군요? (웃음)

최재천   제가 철저히 거절하고 살았지요. 중학교부터 대학 졸업 때까지 내내, 저는 제가 타고난 리더인 줄 알았습니다. 어딜 가나 회장을 하니까, '나는 세상을 리드하기 위해 태어났나 보다.'라고 착각한 것이지요. 그런데 미국 유학을 가서 완전히 변했어요. 그때 생각해 보니 저는 리더라기보다는 혼자서 다 하는 사람이더군요.

유학 가서 뒤늦게 철이 들었군요? (웃음)

최재천   그런 셈이지요. 정말 리더는 박원순 시장님 같은 분입니다. 제가 오랜 기간 옆에서 지켜봤거든요. 'delegation(위임)'이라고 하지요. 박 시장님은 일을 나눠 줄 줄 아는 사람이에요. 많은 리더들이 착각하는 게, 혼자 다 해야 한다고 생각하는 점입니다. 제가 그랬거든요. 다들 저에게 맡기고, 저는 즐기지 못하며 살고요. 대학교 3학년 때는 심지어 9개 조직의 리더를 맡은 적도 있습니다. 미국 생활을 하면서, 앞으로는 절대 그러지 말자고 정말 굳은 결심을 했지요. 제가 리더를 해 보니 제 자신도 힘들고 결국 조직도 망가지더군요. 교수 시절엔 저를 참모로 원하는 사람이 많았습니다. 제가 말도 좀 하고, 글도 좀 쓰니 참모로 쓰기 참 좋거든요. 학장 되는 분들마다 부학장 하라고 그렇게 전화를 하십디다. 그래도 다 고사하고 평교수로 살았지요.

위계가 엄격한 대학 사회에서 총장이나 학장이 주문하는 걸 고사하기가 쉽지 않았을 터인데, 원장님이 워낙 교수로서 경쟁력과 실력이 있었으니 그게 가능했겠지요.

최재천　학교에서 보직에 대한 주문이 올 때마다 저는 '다른 방식'으로 기여하겠다며 정말 단호히 거절하며 살아왔는데, 덜컥 국립생태원 원장을 맡게 되었습니다. 원장 부임 뒤에는 조직에 손을 좀 봤어요. 좀 규모가 큰 구조 개혁이랄까요?

조직 관리나 행정 경험이 없는 분이 이런 방대한 조직, 특히 현직 공무원들의 막강한 영향력이 엄존하는 기관을 이렇게 수술하는 게 결코 쉬운 일이 아닐 텐데요.

최재천　아까도 말씀 드렸듯이 제가 한 번도 거대 조직을 운영해 본 적이 없는 사람입니다. 그래서 정말 열심히 배웠습니다. 경험자를 찾아가서 여쭤보고, 조언도 구하고, 온갖 경영학 책을 다 읽어 보았지요. 심지어 조직 리더가 되려면 회계를 알아야 한다고 해서 회계학 책을 사서 공부도 했습니다. 평생을 학자로 살았기 때문에, 부임 초기에는 간부들이 경악하는 수준의 무식한 질문을 하곤 했어요. 그런데 어느 순간부터는 회계학 책에서 본 것을 바탕으로 얘기를 하니 '저 사람 뭐야, 회계학은 또 어찌 아는 거야?' 이런 눈빛이더군요. 부임한 지 2년이 지난 지금, 제가 마치 성공한 CEO인 양 까불기 시작하는데 약간 불안한 마음도 없지 않습니다.

저는 인터뷰하러 내려오면서 원장님이 지금 여생을 서천 생태원에서 안락하게 보내시는 줄 알았는데, 그게 아니었군요?

최재천　사실 10여 년 전부터 주변 분들에게 귀양 좀 보내 달라고 애원하고 다녔거든요. 고려나 조선의 학자들을 보아 하니 전부 유배지에서 업적을 남겼더군요. 다산 정약용 선생 역시 유배당했을 때 엄청 많은 책을 쓰지 않았나요? 그래서 저도 유배 보내 달라고 말하고 다녔는데, 국립생태원에 오니까 바로 여기가 유배지인 겁니다. (웃음) 제가 서울에 있을 때에도 어디 가면 저를 소개하는 멘트가 "대한민국에서 제일 바쁜 분이 오셨다."였어요. 근데 그런 소문이 난 이유가 웃기는 겁니다. 제가 절대로 밤무대를 안 뜁니다. (웃음) 저녁 약속을 안 잡는 것이지요. 그러다 보니 섭외가 잘 안 되고, 섭외가 안 되다 보니 바쁘다는 소문이 나는 것이지요.

그래도 여기 서천은 사정이 좀 낫지 않습니까?

최재천　　그렇지 않습니다. 오히려 여기 오니 서울에서보다 세 배는 더 바쁩니다. 외부 일정도 많고요. 원장이 되고 나서 관사에 밤 9시 이전에 들어가 본 기억이 없습니다. 돌이켜 보면 여기 부임한 뒤 많은 나날 동안 단 1분도 쉬지를 못한 것 같아요. 외부 인사들 만나서 회의하고, 각종 문서 결재하고, 직원들과 브레인스토밍하고……. 또 제 딴에는 조직과 친해져 보겠다고 스킨십하느라 직원들하고 도시락 미팅도 합니다. 회식도 하고요. 그 와중에 구조 조정도 하고, 꾸준히 『조선일보』에 기고도 하고. 그러다 보니 살인적인 일정으로 살고 있는 셈이지요.

거품 예찬,
자연 선택 따위에 휘둘리지 말자

공무원들의 은근한 압력과 공공연한 압박을 뚫고 여러 일들을 추진할 수 있었던 건 원장님의 헌신적인 노력도 있지만 최재천이라는 이름이 가지는 '외연' 덕도 크지 않았을까요?

<u>최재천</u>   제가 최근 펴낸『거품 예찬』이라는 책 서문에 위험한 문단을 하나 넣었습니다. 나중에 욕먹을 각오를 하고요. 우리는 '적재적소'라는 말을 좋아하잖아요? 근데 저는 이번에 '과재적소'라는 말을 한 번 써 봤습니다. '적재적소', 그 자리에 딱 맞는 사람이 가면, 그 사람은 결코 창의적인 일을 하지 못합니다. 제 입으로 말하기 참으로 민망하지만, 제가 이 자리에 오기엔 과분한 사람이 아니었나 생각합니다. 많은 사람들이 "최재천이 원장 안 하면 국립생태원이 산으로 간다."라며 오고초려하는 바람에 아내에게 이혼당하는 위험을 감수하고 이곳에 왔습니다. 말씀하신 것처럼 제가 사회적으로 이제껏 이뤄 놓은 것들이 있으니 국립생태원 홍보에도 도움이 되는 게 사실인 것 같습니다. 그래서 느끼는 것이, 우리는 너무 높은 자리만 바라보고 살잖아요? 자신의 능력보다 대단한 자리에 앉으려 하지 않는 게 좋지 않을까 싶어요. 그래서 2년 남짓 이 일을 하며 느낀 결론이 '적재적소보단 과재적소가 낫다'입니다.

최재천 교수가 국립생태원장으로 거론될 때 주변 사람들이 적극적으로 말린다는

얘기를 저도 들었거든요? 그런 일 할 사람이 아니라고요.

최재천   예, 가까운 사람들은 죄다 말렸습니다. 그때 저는 '이런 일 할 사람이 따로 있나? 내가 가진 게 넘쳐흐르는 자리에 가서 일을 하면 그게 좋은 것이 아닌가.' 이런 생각을 했습니다. 지금 이 얘기를 하는 이유가 이게 교육에 딱 들어맞는 얘기라고 생각해서입니다. 대한민국은 교육을 넘치도록 잘 받은 사람들이 굉장히 많이 모여 사는 나라입니다. 그런데 여러 가지 문제가 잘 안 풀리는 이유가 있어요. 사람들이 자기가 받은 교육 수준보다 더 높은 자리만을 원해서 그렇습니다. 박사 학위 받고 환경미화원 하는 나라가 되면 안 됩니까? 박사 학위 있는 사람이 환경미화원을 하면 어떻게 하면 효율적으로 환경미화가 되는지 연구하면서 할 겁니다. 그런데 우리는 그게 잘 안되지요. 너무 많은 사람이 위만 바라보고, 더 높은 곳만 원합니다. 자기가 가진 것보다 낮은 곳에 가서 일을 한다 하면 자신의 많은 것이 사라질 것 같다고 생각하는 겁니다.

제가 『거품 예찬』이라고 역설적인 제목을 붙인 이유도 거기 있습니다. 우리나라 사람들은 '거품'이라고 하면 정말 '거품' 물고 싫어하잖아요? 경제도, 교육도, 거품이 있으면 안 된다고 생각하고요. 각 분야 전문가도 사회에서 필요한 숫자만큼만 길러 내라고 하는데 세상에 그런 법이 어디 있습니까? 이 분야에서 박사가 열 명이 필요하니 대학에서 열 명만 길러 내라? 절대로 안 되는 일이거든요. 물론 노력은 해야지요. 수요와 공급을 맞춰 보려고 우리 딴에는 기획을 하는데, 한 번도 제대로 맞아 본 적은 없습니다. 시장 논리를 계속 거론하는데, 그건 이 말을 전혀 잘못 이해하고 쓰는 겁니다. 시장은 언제나 수요와 공급이 출렁이는 곳입니다. 수요가 많다가 어느 때는 공급이 많아서 스스로 조율하는 것이지, 수요와 공급을 딱 맞출 수는 없는데, 그게 시장 논리인 것처럼 들이대는 거예요. 그럴 때면 과연 이 사람들이 뭘 제대로 알고 하는 얘기인가 하는 의문이 들기도 합니다.

아니, 자연과학 전공자가 무슨 그런 사회 현상까지 꿰뚫어 보고 계십니까? 사회과학 하시는 분들이 서운하시겠습니다.

최재천   저처럼 자연을 평생 연구한 사람에게는 그런 사실들이 너무나 명확하게 보입니다. 민들레씨가 엄청나게 많이 날아가도 그중 몇 개만 민들레가 됩니다. 자연은 낭비를 선택한 곳이지요. 다음 세대에 몇 마리만 필요하다고 동물들이 합의를 본다든가, 내년엔 가뭄이 심할 테니 우리 모두 알을 한 개씩만 낳자, 이렇게 새들이 계획하는 건 아니지 않습니까? 자연에서는 그저 많이 태어나고, 또 많이 죽습니다. 그게 다윈이 발견한 '자연 선택'이라는 메커니즘이지요. 어쩔 수 없는 논리, 말하자면 자연의 불가피성입니다.

그렇다고 자연에서 벌어지는 낭비를 인간 사회에 그대로 적용하자는 건 아니에요. 자연에서 자연스러운 것이, 인간 사회에서도 자연스러워야 된다는 법은 절대 없습니다. 우리가 흔히 '자연주의적 오류'라는 말을 하지요. 홀씨나 산호 같은 것이 많이 태어났다가 결국 살아남는 숫자가 얼마 안 되는 게 바로 자연의 원칙이라고 해서 이게 그대로 인간 사회에 적용되지 않는다는 겁니다. 우리가 언제 민들레 씨앗에게 어떤 권리를 부여한 적이 있나요? 하지만 우리 인간은 어디서, 누구에게서, 어떤 환경에서 태어나든, '인권'이라는 자연적 권리를 부여하기로 약속한 지구상에서 유일한 동물입니다. 그래서 제가 『거품 예찬』 서문에 이렇게 덧붙였어요. "자연 선택 따위에 휘둘리는 건 용납할 수 없다. 그렇지만 일단 그 원리는 분명히 이해하자."라고요. 세상은 그런 겁니다. 많이 덤비고, 일부만 성공하고. 상당수의 실패는 어쩔 수 없는 거예요.

자연에서는 실패하면 죽습니다. 그렇지만 인간 사회에서는 이른바 실패하는 사람도 살 수 있게 해 줘야 해요. 최근 경제 민주화니, 따뜻한 자본주의니, 이런 식으로 포장하곤 하는데요, 우리는 인권을 존중하고, 서로를 존중할 의무가 있는 동물입니다. 하지만 마치 인간은 확실하게 달라야 한다는 것처럼 착각은 하지 말자고 강조하는 겁니다. 제가 볼 때는 교육이 가장 큰 문제인 것 같아요. 우리나라는 무슨 교육이 이렇게 잘못되어 있는지……. 교육부가 마치 신 같은 존재처럼, 이건 이래서 안 되고 저건 저래서 안 되고, 늘 왈가왈부를 하지요. 그래서 교육부가 없어지는 게 교육을 도와주는 거라는 말까지 있잖아요? 우리 교육이 문제가 많지만 스스로 길을 찾게끔 그냥 놓아두면 지금보다 훨씬 나아질 게 확실합니다.

대학 개편의 핵심,
인생의 어느 시기에든 공부하게 하자

기왕 교육 얘기가 나온 김에 여쭙겠습니다. 원장님께서는 현재 우리 대학 운영의
문제점을 지적하면서 대학과 평생교육의 관계에 대한 독특한 견해를 거듭 강조해
오셨는데, 이 자리에서 좀 쉽게 풀어 주시지요.

최재천 어디서부터 이야기를 풀어 나가야 할지 잘 모르겠는데요, 솔
직히 저는 지금 우리가 하는 평생교육, 별로 마음에 안 듭니다. 평생
교육에서 지금처럼 너무 현실적인 문제 풀이와 취미 개발에만 천착
하는 것보다는, 이른바 대학에서 하는 교육이 평생에 걸쳐 펼쳐지는
게 옳다고 생각합니다. 제가 『당신의 인생을 이모작하라』는 책에서
이렇게 썼어요. "70대에 양자역학으로 박사 학위를 따겠다고 하면 도
시락 싸서 다니면서 말리겠다."라고요. 그때는 이미 양자역학을 공부
할 만큼 머리가 안 돈다는 것이지요. 그런데 70대에 문화인류학을 하
겠다, 이러면 그건 안 될 이유가 전혀 없다고 생각합니다. 70대에 법
학을 해서 법관이 되겠다, 저는 이것도 좋다고 생각합니다. 30대 판
사 영감님 앞에서 자기 인생을 판정받는 건, 저는 굴욕이라고 생각해
요. 차라리 평생 환경미화원 하신 70대 어르신 앞에서 자신의 인생을
판정받는 건 납득이 되는 일이지요. 사법 고시를 겨우 패스한, 30대
초반의 판사가 다른 사람의 인생을 재단하는 건 용납할 수 없어요.
저는 그냥 대학을 인생의 전 구간에 걸쳐 죽 펼쳐 놓고, 삶의 특정 시
기에 구애받지 않고 언제든 들어가 공부할 수 있게 했으면 좋겠다는

생각입니다. 이게 바로 진정한 의미에서 평생교육이고 평생학습이라는 확신을 가지고 있고요.

부인께서 지금 이화여대 평생교육원장으로 재직하고 있다고 들었습니다.

<u>최재천</u>　맞습니다. 제 아내도 저와 생각이 비슷합니다. 제가 이런 주장을 오랫동안 거듭해 온 결과인지는 모르겠지만 교육부가 '평생교육대학'이라는 걸 만든다고 해요. 근데 이게 취지는 참 좋지만 방법이 영 이상합니다. 제 생각으로는 어차피 교육은 평생교육일 수밖에 없습니다. 피터 드러커 선생님도 돌아가시기 전에 "지식의 반감기가 줄어든 세상에 살고 있으니, 옛날처럼 한 번 배우고 평생 사는 게 아니라 계속 배우고 또 쓰고 해야 된다."라고 하셨는데, 맞는 얘깁니다. 옛날에 우리가 환갑까지만 살던 때에는 대학교 4년 배운 것으로 살았지요. 그런데 지금은 100세 시대이고 그중 노동 인생만 60~70년입니다. 이 기간에 쓸 지식을 20대 초반에 다 충전할 수 있다는 건 말이 안 되지요. 『당신의 인생을 이모작하라』라는 책에서 "대한민국에서는 앞으로 누구나 대학을 대여섯 번씩 다녀야 될 것."이라는 예언 아닌 예언을 했어요. 대학이 누구나 쉽게 드나들 수 있는 곳이 될 것이라는 생각이지요.

그 얘기는 자연과학과 인문학의 통섭을 주창하는 한 자연과학자의 그야말로 예언 수준 아닐까요?

<u>최재천</u>　절대로 아닙니다. 어떤 분이 직장을 다니면서 이직 준비를

위해 새로운 분야의 학위를 받고자 한다면 이제는 웬만한 교육이 사이버 형태로 제공되니까 꼭 퇴근하고 대학에 가서 공부할 필요가 없잖아요? 실제로 수도권의 대여섯 개 대학 총장님들과 식사하면서 이런 얘기를 한 적도 있고요. 그중에 김동연 아주대 총장님이 먼저 실천으로 옮겨 주고 계십니다. 이분이 아주 특별한 사람입니다. 청계천에서 자라서 상업고등학교를 나와 국무조정실장까지 오른 입지전적인 인물이지요. 뜻도 올곧고, 아주 비상하신 분입니다. 지금 그분이 재미있는 실험을 하고 계십니다. 졸업생들에게 평생 A/S를 하자는 거지요. 졸업생 보고 학교에 와서 배우라는 것이 아니라, 학교가 직장으로 찾아가는 겁니다. 학교가 삼성전자로, 한화로 찾아가면 된다는 것이지요. 대학마다 다르겠지만 수백, 수천 명의 졸업생들이 있잖아요? 이 사람들 가운데 이직을 희망하는 사람이 있으면 대학이 찾아가서 공부할 수 있게 하면 된다는 겁니다. 저는 우리나라 평생교육이 그런 방식으로 진행되어야 의미가 있다고 생각합니다. 바리스타 교육같은 것도 물론 좋습니다만, 우리나라 평생교육이 거기에 그치면 안됩니다. 저는 여전히 진정한 평생교육은 '4년제 대학이 100년제 대학으로 확대되는 것'을 의미한다고 강조하고 싶습니다.

가장 큰 보람,
여러 학문을 넘나들어야 한다는 생각의 대중화

'진정한 평생교육은 4년제 대학이 100년제 대학으로 확대되는 것', 좋습니다. 벌써 이번 인터뷰 제목이 나왔네요. (웃음) 제목까지 나왔으니 이젠 조금 다른 맥락의 질문을 하나 드리지요. 원장님이 '통섭'이라는 화두를 던진 시기가 지난 2005년입니다. 벌써 11년째인데요. 그때만 해도 지식인들이 모인 자리에서는 항상 통섭, 융합에 대한 이야기가 나왔는데 요새는 좀 덜한 것 같습니다. 이것, 발전입니까, 퇴보입니까? 영역별 학문의 기존 기득권층에서 계획적으로 뭉개는 건 아닌가, 이런 의문도 들고요.

<u>최재천</u>　　저는 오히려 통섭 열풍이 더 지속되어야 한다고 생각하지는 않습니다. 교육부에서 자꾸 '통섭'이라는 단어를 쓰니까 도리어 역효과가 나는 듯해요. 진짜 통섭이 뭔지 알고 썼으면 좋겠는데, '그냥 아무거나 엮는 걸' 무조건 통섭으로 쓰고 있거든요. 교육부가 추진하는 프라임 사업(산업 연계 교육 활성화 선도 대학, PRogram for Industry needs Matched Education)에는 아예 '통섭'이라는 단어가 들어가 있습니다. 그런데 이 사람들이 이 말을 마구잡이로 엮어 놓았어요. 통섭은 그런 게 아니거든요. 사실 통섭을 처음 주장한 초창기 몇 년간은 압박을 많이 받았습니다. 어떤 결과를 내지 않으면 괜한 짓을 하는 거다, 이런 얘기도 있었고요. 불안감이 있었는데, 하지만 지금은 괜찮습니다. 적어도 웬만한 사람들이 이제는 자고로 학문이라면 여러 분야를 넘나들어야 한다는 생각을 하게 되었으니까요. 이 자체로 의미가 있는

거라고 생각합니다.

요즘은 학문하는 사람뿐만 아니라 직장인들도 그렇게 생각하는 사람들이 많습니다. 원장님 덕분이지요. (웃음)

<u>최재천</u>   누구 덕분이든 이제는 거의 모든 사람들이 그런 식으로 생각하잖아요? 옛날처럼 한군데에 코 박고 다른 사람이 뭐 하든지 상관없다, 이런 식이 아니라 자기가 하는 일의 주변을 기웃거리기 시작했다는 것만 해도 어마어마한 변화이지요. 그래서 부담감은 털었는데, 아까 말씀드린 대로 '통섭'이란 말이 제대로 쓰이지 못하고 이상하게 가는 것에 대해서는 걱정이 없지 않습니다.

이쯤에서 '통섭'의 개념을 다시 한 번 설명해 주실 수 있을까요? 이것이 결국 원장님께서 생각하시는 공부나 학문을 하는 자세와 연결될 것 같습니다.

<u>최재천</u>   저는 생물학자입니다. 그래서 10여 년 전 우리 정부가 고령화 문제의 심각성을 이해하지 못하는 게 안타까워 『당신의 인생을 이모작하라』라는 책을 썼을 때 선배 교수님들로부터 꾸중을 많이 들었습니다. 생물학자가 세포나 들여다보고 초파리나 만지작거리지 무슨 인간 사회의 고령화에 관한 책까지 쓰고 난리냐며 꾸지람을 하시더라고요. 사실 그 책은 대단히 생물학적인 책이지만, 중요한 것은 현대 사회가 겪는 많은 일들이 대단히 복합적이라는 겁니다. 어느 한 학문 분야가 홀로 답을 내기 매우 어렵게 됐습니다. 고령화 문제도 사회학, 인구학, 경제학, 법학은 물론 생물학까지 덤벼들어야 해결의 실마리

를 찾을 수 있습니다. 이런 학문 간의 넘나듦이 바로 통섭에서 나오는 겁니다.

그 옛날 아리스토텔레스가 자신을 가리켜 생물학자라고 하지 않았고, 공자님이 스스로를 인문학자라고 부르시지 않았습니다. 르네상스 시대를 거치며 학문이 쪼개지기 시작했지요. 분과 학문의 시대가 인류에게 큰 성과를 안겨 준 것은 사실입니다. 특히 자연과학의 환원주의적 접근 방식이 많은 문제의 핵심을 파헤치는 데 큰 기여를 했습니다. 그럼에도 불구하고 21세기로 접어들며 많은 사람들이 뭔가 부족함을 느끼기 시작해 학문 간의 소통을 열망하게 되었죠. 이런 소통의 방법론으로 나타난 게 바로 통섭입니다. 통섭은 둘 이상이 합쳐져 하나가 되는 융합과는 조금 다릅니다. 통섭의 결과물로 융합이 가능할 수 있습니다. 통섭은 서로 다른 학문 또는 분야들이 서로를 알아 가는 과정 또는 그런 과정을 뒷받침하는 철학이라고 생각하면 됩니다. 21세기가 원하는 기술의 융합을 이루기 위해 둘 이상의 기술을 마구잡이로 섞어 볼 수도 있겠지요. 성공 확률은 지극히 낮겠지만 해 볼 수는 있습니다. 하지만 그보다는 통섭적 융합, 즉 두 기술 분야가 서로를 알아 가는 과정을 충분히 거친 다음 융합을 시도하면 성공할 가능성이 훨씬 높을 건 당연하겠지요. 이처럼 이제 학문 간 경계를 낮추고 넘나들 필요가 있습니다. 이것이 바로 제가 생각하는 '통섭의 시대'입니다.

다양성을 최고의 가치로 존중하는
절대적 민주주의자

교육부 공무원 집단 같은 행정력을 가진 사람들이 말을 남용하면 개념이 더 혼탁해질 우려가 있지요?

최재천   사실 대학을 이합집산하는 이상한 곳으로 만든 곳이 교육부 아닌가요? 학생들이 제일 불쌍해요. 교육부가 어디에 예산을 책정했다 하면 대학들이 그걸 받으려고 정책들을 바꾸지요. 제가 대학에 있을 때 어떤 학생은 자기 의지와 상관없이 4년 동안 소속이 세 번 바뀌는 걸 봤습니다. 그건 좀 아니지 않나 하는 생각입니다. 가장 대표적인 곳이 중앙대예요. 참 안타까울 정도인데요, 만약 그게 대학이 살아남을 수 있는 방법이라면 실행할 수밖에 없겠지요. 미국의 경우, 애리조나주립대학도 비슷한 정책을 아주 작심하고 실행합니다. 거기 총장님이 융합을 강조하는 분이어서, 어떤 교수가 통섭이나 융합의 모델을 만들어 내면 총장이 그대로 팍팍 밀어줘요. 어마어마한 실험을 하는 대학이지요. 그러니 유능한 학자들이 꼬이는 것이고요. "당신의 꿈을 펼쳐 봐라!" 이렇게 하니까 또 인재들이 모여들고 그렇게 반복되는 겁니다. 일부 사람들이 '저러다 망하면 어쩌나.' 하는 우려의 시선으로 보고 있기도 하지만요.

　　이런 말 하면 욕먹을지 모르겠는데, 하버드대학이 그런다고 하면 저는 그건 좀 두려워요. 하지만 애리조나주립대학이 하는 건 좋다고 생각합니다. 하버드대학은, 오래전에 제가 학교 다닐 적에 학부 커리큘럼을 담당했던 학장이 아직도 그 자리에 계시더라고요. 제가 서울 대 교수가 된 뒤 한번 찾아갔어요. 우연히 학교에서 그분하고 만나서 점심을 같이 했습니다. 그때 그분 말씀이, 하버드는 대놓고 '백화점' 이라고 하더라고요. 역사적으로 하버드대가 과를 없앤 케이스가 딱 하나 있는데, 지리학과를 없앴어요. 제가 미국에 있을 때가 80년 중 후반입니다. 이미 세계의 모든 지도가 다 만들어졌는데, 지리학이 무 슨 필요가 있느냐는 게 이유였다고 해요. 그랬더니 미국 전역의 웬만 한 대학에서 지리학과가 사라졌습니다. 하지만 영국은 반대로 진행 됐어요. 캠브리지, 옥스퍼드대학이 지리학과에 지역학을 연구하게 만들고, 나중에 Regional and Global Studies 또는 Global Warming & Climate Change(지구 온난화 & 기후 변화) 등으로까지 지리학의 영 역을 확장한 것이지요. 캠브리지나 옥스퍼드대학에는 지금 지리학과 에 교수가 100명이 넘습니다. 영국 대학들은 모든 학문을 포괄할 수 있게 변화한 반면, 하버드대가 지리학과를 죽인 셈이지요. 하버드대 가 몇 년 전에 다시 지리학 프로그램을 만들었습니다. 그때 나온 성 명서 제목이 "우리가 잘못했습니다"였어요.

그런 일련의 사건이 벌어지는 과정에서 제가 그 학장님을 만나서 들은 얘기가 이겁니다. 우리나라 기준으로 보면 하버드대는 사립대 학이기 때문에 그런 책임이 없는데, 그 학장님이 말하기를 '하버드대 는 세상의 모든 학문을 살려 둘 의무가 있다'고 하더군요. 하버드대 에도 독어독문학과는 인기가 없는 과예요. 학생도 거의 없고요. 그럼 에도 불구하고 핵심 교양 과정을 만들고 거기서 나온 비용으로 독어독문학과를 유지합니다. 하버드대가 독어독문학과를 없애면 독어독문학이 죽는다는 것이지요. 지리학과를 없애 본 뼈아픈 경험을 통해 모든 학문을 악착같이 끌고 가겠다는 겁니다. 우리나라로 치면 서울대가 중앙대처럼 하면 절대로 안 되는 거겠지요. 제가 보기에 서울대는 모든 학문을 다 끌고 가야 합니다.

그런 면에서 서울대는 현재 잘하고 있다고 생각하십니까?

<u>최재천</u>　아닙니다. 그래서 걱정스럽습니다. 중앙대를 너무 욕할 건 없다고 생각해요. 중앙대가 확실한 플랜을 가지고 대학 개혁을 실행하는 것이라면 해 볼 만하다고 생각합니다. 제가 생태학을 전공하는 사람이다 보니 이런 생각을 하는데요, 생태학의 첫 번째 키워드가 다양성이거든요. 생태학은 다양성을 연구하는 학문이라고 해도 과언이 아닙니다. 어쩌다 이 많은 생물이 지구에 모여 살게 됐느냐, 왜 다양해야 하느냐를 연구하는 학문이기 때문에 저한테는 최고의 키워드가 늘 다양성입니다. 그러니 획일적으로 대한민국의 모든 대학과 교육 프로그램을 하나로 묶는 것만 안 하면 된다는 생각이지요.

다양성을 최고의 가치로 존중하는 원장님은 완벽한 민주주의자이시겠습니다. (웃음)

<u>최재천</u>　절대적 민주주의자입니다. 민주주의가 궁극적으로 망한다 할지라도 저는 세상이, 사회가, 다양하게, 민주적으로, 그렇게 돌아가야 한다고 확신하는 사람입니다. (웃음)

시인의 마음을 가진 과학자,
과학자의 마음을 가진 문학인

좀 다른 질문입니다만, 아버님은 무슨 일을 하셨습니까?

<u>최재천</u>   직업 군인이셨습니다. 군대에 계시다 박태준 포항제철 사장
에게 옷 벗김을 당하셨지요. 박 사장이 포항제철을 만들 적에, 당시
박정희 대통령이 박 사장한테 필요한 인재가 있으면 어디서나 데려
가라고 했대요. 아버님께서 육군본부 인사과장을 하고 계셨는데, 박
사장이 들어오더니 "최 중령 옷 벗어." 해서 포항으로 내려가셨고, 포
항제철에서 인생의 마지막을 보내셨지요. 저희 아버님 성격이 좀 독
불장군입니다. 이 세상에 자기보다 머리 좋은 사람이 없다고 생각하
는 분이셨지요. (웃음)

고등학교 졸업 뒤 재수해서 서울대 동물학과에 입학하셨지요? 의과대에 지원했
다가 2지망으로 합격했다고 들었는데, 의대로 갔으면 큰일 날 뻔했네요. 대한민국
학문의 발전에 큰 손실이 일어날 뻔했습니다. (웃음)

<u>최재천</u>   잘 모르시지요? 제가 얼마나 손재주가 좋은지. 제가 손으로
하는 걸 아주 잘해서 1지망에 합격했으면 아마 상당히 수준 높고 좋
은 서전(surgeon, 외과 전문의)이 됐을지도 몰라요. 아무튼 수술은 제법
잘했을지도 모릅니다. (웃음)

아니, 원장님은 지금 학문의 근본적 체계 자체에 대해 대수술을 하고 계신 겁니다. (웃음) 그나저나 부인께서는 시골에 박혀 있다고 불만은 없으신가요? 부인께서 이화여대에 근무하시면 주말부부네요. 자녀분들은 어떻게 지내나요?

최재천 웬걸요? 엄청 툴툴대지요. 하도 대가 센 양반이라. (웃음) 전형적인 주말부부입니다. 아들 하나를 뒀는데 지금 미국에서 창업한답시고 까불고 있습니다.

그럼 지금 관사에서 혼자 사시는 거지요?

최재천 주중에는 여기 생태원에 있고, 주말에 서울 집으로 올라가고 그러지요. 화, 수, 목은 반드시 서천에 있고, 월요일하고 금요일은 서울에 일이 있으면 올라가고 아니면 여기에 있는 걸로 하고 있습니다.

인문학이나 문학 하시는 분들 중에 가까운 분들이 많은 걸로 들었습니다.

최재천 예, 많이 알고 지냅니다. 소설 쓰는 김영하, 은희경, 김형경, 공지영 선생, 그리고 시인 최승호, 김용택 선생 등이 있지요. 국립생태원장으로 부임한 뒤에는 생태원 홍보 대사로 소설가 김훈 선생을 모셨습니다. 생태원 홍보부에서 전화를 드렸는데 "최재천 선생이 하는 거면 하겠습니다."라면서 금방 수락하셨습니다. 그래서 만나 뵈었는데, 뜻밖에도 제 책을 많이 읽으셨더라고요.

김훈 선배는 제가 언론사 있을 때 한 1년 정도 함께 근무하기도 했지요. 이분이 『한국일보』 수습기자 출신인데, 문학 기자로 엄청 이름을 날린 뒤 『시사저널』 편집

국장을 하다 그만두고는 사람 삶의 밑바닥에 밀착해서 인생을 들여다보고 싶다면서 50대 중반의 나이에 『한겨레』 사회부 경찰 기자를 자원했지요. 1년 동안 종로 경찰서를 출입하면서 스트레이트 기사는 물론이고 사회면에 「김훈의 길 위에서」라는 이름의 독특한 기명 칼럼을 연재하기도 했어요. 사회면에 기명 칼럼을 연재한 건 한국 언론사에서 김훈 선배가 유일한 사례일 겁니다.

최재천　　여기 오셔서 제가 조성한 '제인 구달의 길'을 아직 못 보셨지요? 작년에는 '찰스 다윈의 길'도 만들었습니다. '찰스 다윈의 길' 입구에 갈라파고스제도 모형을 만들었는데, 제가 아직 김훈 선생한테 허락을 못 받은 게 하나 있어요. 김훈 선생이 최근 펴낸 『라면을 끓이며』에 기가 막힌 문장이 있어요. 제가 정확히 기억하는 건지 모르겠는데, "다윈은 아직도 관찰 중이고, 진화론은 지금 진화 중이다."라는 문장입니다. 다윈은 이 세상에 없는 사람인데 다윈이 어떻게 아직도 관찰합니까. 그 말은 아직도 다윈의 제자들이 연구 중이라는 뜻이잖아요? 저라면 아마 "다윈의 제자들은 지금도 연구하고 있고 덕분에 지금도 진화론은 변하고 있다." 이렇게 썼을 겁니다. 이런 문장은 김훈 선생이 아니면 못 쓰는 문장 아닙니까? 그래서 그 문장을 돌에 새겼지요. 그런데 너무 급해서 그만 말씀드릴 기회를 놓치고 아직 허락을 못 구했습니다. 언제 한번 오시면 '찰스 다윈의 길'에 슬쩍 모시고 가서 "여기 좀 앉아 보시지요." 하고 보여 드릴 작정입니다. 그때 이야기하려고요. (웃음) 그리고 이건 사실 비밀인데요. 솔직히 『라면을 끓이며』는 김훈 선생 책 치고는 최고는 아니라고 생각했는데, 그 문장 하나 딱 보고는 '이 문장 하나로 이 책은 된 거다.' 싶더라고요.

저도 얼마 전에 읽었는데, 그 문장을 캐치 못 했네요.

최재천   한번 찾아 읽어 보십시오. 정말 기가 막힌 문장입니다.

자연과학도가 해석을 하면 그렇게 해석이 되는군요. 원장님은 어느 글에서 자신을 "시인의 마음을 가진 과학자"로 이야기하기도 했지요?

최재천   다른 분이 붙여 주신 표현입니다. 하하.

반대로 우리나라 문학자 중 '과학자의 마음을 가진 문학인'은 누구 없을까요?

최재천   김훈 선생이지요. 김 선생이 대단한 과학적인 마인드가 있어요.

김 선배 집필실에 가 보면 한쪽 벽이 다 공구예요. 스패너, 톱, 망치, 뭐 이런 것들이 쫙 진열이 되어 있어요. 관찰이 아주 정밀합니다.

최재천   서양의 유명 작가들을 보면 대학에서 자연과학을 전공한 분들이 많거든요. 우리는 안 그렇잖아요? 이게 언어 구조하고 관련된 건가 하는 생각을 해 봅니다. 물론 우리도 이제 짧은 문장을 좋아하는 시대에 있긴 하지만요. 하지만 영어권도 언제나 그랬던 건 아니거든요. 다윈 시대에는 길게 쓴 문장이 좋은 문장이었습니다. 어떤 문장은 한 페이지를 넘어가기도 했어요. 길게 써야 하는 시대도 있었지만 어느 사이엔가 영어권에서 문장이 짧아지기 시작하고, 간결하고 정확한 문장으로 바뀌어 갔지요. 제 생각에는 자연과학적 훈련을 받은 사람들이 오히려 더 간결하고 정확한 문장을 쓰게 된 게 아닌가 싶더라고요. 영어권 독자들은 그런 문장을 더 즐겨 읽는지도 모르겠습니다. 우리는 별로 안 그런 편이지요.

자연과학자인 원장님도 글을 꽤 잘 쓰는 분으로 평가받고 있는데, 글을 잘 쓰는 비결이 뭡니까?

최재천   『조선일보』의 김광일 기자가 저를 인터뷰한 적이 있습니다. 2007년에 경희대 교육대학원에서 진행했던 글쓰기 프로그램에서 강의한 내용이『글쓰기 최소 원칙』이라는 책으로 묶여 나왔을 때지요. 김 기자가 제게 하는 말이 "이제 보니 최 교수님은 글을 잘 쓰는 사람이 아니라 글을 치열하게 쓰는 사람이네요."라고 하더라고요. 그 말이 맞아요. 제가『조선일보』에 짧은 글을 몇 년 째 쓰고 있잖아요? 짧은 글 쓰기가 오히려 더 힘듭니다. 거짓말 안 보태고 한 서른 번은 고쳐야 직성이 풀립니다. 제 글쓰기 원칙은 '미리 쓴다, 소리 내서 읽는다, 맘에 들 때까지 고친다'입니다. 맘에 들 때까지 몇 번이고 고치니까, 원고지에 쓰면 작업을 못 했을 겁니다. (웃음)

이제까지 40여 권의 책을 내셨지요? 그러니까 '밤무대'를 못 뛰셨겠네요? (웃음)

최재천   아닙니다. 반대로 밤무대를 없앴기 때문에 가능했던 거지요. (웃음) 저는 대한민국 남성들의 생산성이 떨어지는 게 밤무대 때문이라고 확신해요. 제가 미국에서 15년, 아내는 17년을 살았는데요, 귀국 후에 못된 짓을 했습니다. 한국적으로 보면 말도 안 되는 건데, 밤 9시 이후에 집에 전화가 오면 전화를 건 상대에게 엄청 면박을 줬습니다. 미국에서는 밤 9시 이후에 전화 안 해요. 실례거든요. 그래서 우리 집에서는 밤 9시 이후에 전화가 오면, 그건 부모님이 편찮으시다거나 하는 소식을 전하는 나쁜 전화라고 생각합니다. 그리고 저는 일찌감치 대한민국 남성치고는 적극적 육아를 한 사람입니다. 밤 9시면 아들을 거의 강압적으로 침대에 집어넣고 일찍 자게 했어요. 저를 위해서 그런 겁니다. 애를 재워야 제가 일을 하니까요. 9시 전에는 아들이랑 이야기하고, 공부하고, 놀고요, 그 이후에 제 일을 했습니다. 그렇게 하지 않으면 매일 하루 서너 시간을 온전히 자기 시간으로 갖는 게 거의 불가능하더라고요.

그렇다고 낮에 노는 것도 아니지 않습니까?

<u>최재천</u>　낮에는 철저하게 외부 일에 집중합니다. 밤에는 아들을 재우고 그 이후부터 제 시간을 가지는 것이지요. 그 서너 시간 동안 제 개인적인 모든 일을 거의 다 했습니다.

지금도 그런 생활 패턴을 유지하나요?

<u>최재천</u>　물론입니다. 그런데 여기 생태원 온 뒤로는 못 하고 있어요. 제 딴에는 성공한 경영인이 돼 보겠다며 기를 쓰다 보니 그리된 것이지요. 거의 매일 술도 마시고, 직원들이랑 "우리가 남이가!" 하면서 뭐 별짓 다 하고 있습니다. 그것도 이 나이에 갑자기. (웃음)

　　오후 5시 30분부터 시작된 인터뷰가 예정된 1시간을 훌쩍 넘겨 저녁 7시 가

까이 진행되자 비서실에서 쪽지가 들어왔다.

최재천　다른 인터뷰와는 다르게 편하게 해 주시니 마음이 좋습니다. 사실 제가 얼마 전부터 운동을 시작했어요. 건강이 걱정돼서. 아까 비서가 운동하러 갈 시간이라고 사인을 줬는데, 그것도 물리치고 길게 이야기를 나누고 있네요. 운동하는 것보다 더 재미있습니다. (웃음)

시간이 초과되었다는데도 괜찮다고 하니, '최재천의 열렬한 팬'을 자처하는 진흥원의 김혜영 팀장이 질문을 하나 더 보탰다.

통한의 침팬지 프로젝트 좌절,
한국 기업, 길게 보는 지원에 너무 인색

한국의 '침팬지 연구소' 프로젝트는 혹시 아직도 진행 중인지요? 원장님께서 『통섭의 식탁』에서 쓰신 일본의 공부하는 침팬지, '아이와 아유무' 이야기를 읽고, 원장님의 침팬지 연구소 건립을 마음속으로 응원하고 있었거든요. 원장님이 구상하시는 침팬지 연구소 이야기가 궁금합니다. 여기 국립생태원이 원장님의 첫 번째 숙원 사업이었다면, 혹시 침팬지 연구소는 그 두 번째가 아닐까 하는 생각도 해 봅니다.

최재천　침팬지 연구소 프로젝트를 구상하면서 사실은 삼성경제연구소에 도움을 청했거든요. 제가 이런 프로젝트를 추진할 만한 돈은 없잖아요? 제가 SERI (삼성경제연구소)에서 강의를 해 주고 강사료는 안 받을 테니, 대신 침팬지 연구소에 관한 협찬 제안서를 만들어 오면 프레젠테이션을 하게 해 달라고 했지요. 그걸 몇 년에 걸쳐 여덟 번을 했어요. 여덟 번째 마지막 프레젠테이션을 할 때는 SERI 팀에게 박수를 받기도 했습니다. 그런 뒤 책임자급인 임원 한 분이 이렇게 말씀하시더라고요. "이런 프로젝트야말로 기업이 도와야 할 일입니다. 삼성전자에 맨 먼저 가져갑시다. 절대로 다른 기업에 주시면 안 됩니다."

그게 언젭니까?

<u>최재천</u>   한 13년 전쯤 일입니다. 그래서 '1번 삼성전자, 2번 엘지전자, 3번 포스코', 이렇게 딱 정했지요. 기업이 후원을 하면 그 기업에 엄청난 도움이 되게끔 모든 걸 다 짜 놓은 거예요. 그렇게 일을 다 만들어 놓고는 어느 날 밤, 앉아서 침팬지 프로젝트를 다시 생각하다가 갑자기 온몸에 소름이 확 끼치더라고요. '아, 이걸 어떻게 해야 하나.' 이런 생각이 문득 드는 거예요.

아니, 다 만들어 놓고 도대체 무슨 생각이 들었기에요?

<u>최재천</u>   제가 개미를 연구한 사람이잖습니까? 개미 연구소를 만드는 건 간단해요. 그런데 침팬지 연구소는 좀 다릅니다. 침팬지 한 마리를 1년 먹이고 재우는 데 적어도 천만 원이 들어요. 그러니까 침팬지 열 마리쯤 데리고 있으면 개네 먹이고 재우는 데만 1억이 들지요.

여기에 수의사와 연구원 인건비도 보태져야 하고요. 대충 계산해 보니까 건물 설립하는 비용 제외하고 7, 8억은 있어야 하더라고요. 정기적으로 운영하는 비용만 연간 7~10억쯤 되는 거예요. 일단 삼성전자에서 지원해 주기로 했다고 가정합시다. 그런데 삼성전자가 망하면, 아니 '망하면'도 아니에요. 실적이 조금만 내려가면, 침팬지 연구소부터 지원을 끊을 게 뻔하잖아요? 개미 연구소 하다가 지원이 끊기면 제가 뒷산에라도 개미 풀어 주면 되거든요. 해외 개미는 알코올에 집어넣으면 되고요. 그런데 침팬지는 제가 어떻게 합니까? 침팬지를 산에 풀어 줄 수도 없고, 알코올에 집어넣을 수도 없고요. 그러니, '아하! 이건 내가 할 수 없는 일이다.'라는 데 생각이 미친 것이지요.

너무 아까웠겠습니다.

최재천　물론이지요. 이건 천하에 없는 프로젝트입니다. 그런데 대한민국 기업이 헌신이란 걸 할 줄 모르잖아요? 절대로 기업이 망하는 순간까지 지원하지 않습니다. 이윤이 1%만 줄어도 일단 이런 지원부터 끊어 내지요. 그걸 깨닫고 난 뒤 진짜 며칠간 밥을 못 먹겠더라고요. 정말, 정말 오랫동안 공들여 기획해 왔잖아요?

그 멋진 기획 내용을 살짝 말씀해 주시지요.

최재천　오지까지 오셨으니 선물을 드려야지. (웃음) 제 기획은 이렇습니다. 만일 우리 침팬지 중 한 마리가 아기를 낳는다면, 이걸 인터넷에 생중계합니다. 그럼 출산하는 장면 배경에 삼성전자에서 만든

TV나 각종 제품들을 노출하는 거예요. 이건 우리나라 사람들만 보는 게 아니라 전 세계 사람들이 보지 않겠습니까? 이런 디자인을 5년에 걸쳐서 한 거예요. 기업에도 도움이 되고, 저는 저대로 연구를 할 수 있도록 다 만들어 놓은 것이지요. 이걸 접는 게 마음이 많이 아팠습니다. 그래서 할 수 없이 기존에 있는 곳이라도 이용하자 싶어서 동물원을 돕기 시작했어요. 과천의 서울동물원에도 제 연구실이 있고요, 에버랜드에도 제 연구실이 있습니다. 둘 다 리모델링을 할 때 제가 열심히 도와드렸지요. 에피소드가 하나 있어요. 동물원 설계 도면에 제가 뭔가를 그렸어요. 그랬더니 "선생님, 이게 뭡니까?" 하고 묻기에 "네, 제 연구실입니다."라고 대답했습니다. (웃음) 제가 다 도와드리고, 해외 케이스 벤치마킹 다 해 주고, 자문도 할 테니, 대신 내 연구실 하나 달라고 부탁했지요. 그래서 받아 낸 거예요. 그래서 서울대공원에 가면 제 연구실이 있어요. 거기서 오랑우탄 연구를 하는데, 사람들이 다 들여다볼 수 있게 디자인했어요. 대한민국이 망하지 않는한, 아니 서울시가 파산하지 않는 한, 서울동물원은 계속 동물들을 데리고 있을 거 아닙니까? 제가 지금 여기에도 영장류 센터를 만들려고 하는 중입니다. (웃음)

영장류 프로젝트의 성공을 기원하겠습니다. 오랜 시간 내 주셔서 감사합니다.

박재동

1953년 경남 울산에서 태어났다. 1959년 부산 전포동으로 이사하면서 부산 생활을 시작했다. 아버지와 어머니는 집주인이 하던 만화방을 물려받아 1980년까지 만화방을 운영했다. 덕분에 초등학교 시절부터 만화를 자유롭게 볼 수 있었던 그는 부산고를 거쳐 1972년 서울대 미대 회화과에 입학했다. 1979~1981년 서울 휘문고와 중경고 미술 교사로 재직하다 '교사 생활이 너무 행복한 나머지 그림 그리는 것을 잊을 것 같아' 일러스트 회사에 입사했다. 1988년『한겨레』창간과 함께「한겨레 그림판」이라는 이름의 한 컷짜리 만평을 연재하기 시작해 1996년까지 계속했다.「한겨레 그림판」으로 "한국 시사만화의 대부"라는 평가를 얻은 그는 만화 판과 문화, 교육계를 오가며 아름다운 사회를 만드는 일에 힘을 보탰다. 1997년 서울국제만화페스티벌 조직위원, 2011년 국제만화가대회, 부천국제만화축제 운영위원장을 지냈다. 2001년부터 한국예술종합학교 영상원 애니메이션과 교수로 재직하고 있다. 저서로『인생 만화』,『박재동의 실크로드 스케치 1, 2』,『십시일반』(공저) 등이 있다.

애들아,
학교 가지 말고
학교 만들자

박재동   얘들아,
:   학교 가지 말고 학교 만들자

인터뷰 약속 시간에 정확히 맞춰 그가 원장실 문을 열고 나타났다. 아
니, '나타났다'보다 '들이닥쳤다'는 표현이 나을 듯하다. 박재동 화백은
특유의 '끼'를 온몸으로 발산하며 기세 좋게 들이닥쳤다. 진청색 코르덴
콤비에 자주색 폴라티를 받쳐 입고 청바지를 걸친 모습이 예술가나 대
학교수보다는 연예인의 그것에 가까웠다.

"원색 옷차림에 길게 늘어뜨린 은색 머리가 잘 어울립니다. 거의 연예
인이네요."(웃음)

원장실 문을 박차고 들어오는 그에게 말했더니 단박 이렇게 되받는다.

"내가 본래 딴따라예요, 딴따라. '거의' 연예인이 아니라 '완전' 연예
인이지요."

기다리고 있던 인터뷰 팀이 명함을 건네며 박 화백에게 인사를 청했
다. 그는 긴 팔을 휘저으며 "아, 나는 명함이 없어요. 그래서 즉석에서 직
접 만들어 드립니다. 만나는 상대의 캐리커처를 그리고 거기에 제가 사
인을 한 명함인데, 그게 훨씬 낫지요?"라며 웃는다. 그러면서 주섬주섬
가방에서 스케치북과 연필을 꺼내 든다.

"자, 이분부터 한 분씩 그립시다. 이리로 와서 날 봐요. 캐리커처 명함
만들어 드릴게. 내가 수십 년 동안 엄청 그렸더니 요즘은 숙달이 돼서 최
대 이십 초 만에 한 사람의 캐리커처를 그려 냅니다."

2016년 4월 5일 오전, 서울시평생교육진흥원과 근처 식당에서 진행된 박재동 화백 인터뷰는 인터뷰 팀 캐리커처 그리기로 시작됐다. 그는 다섯 명의 캐리커처를, 순식간에, 아주 절묘한 솜씨로 그려 냈다.

"이렇게 이십 초로 그려 내는 게 더 매력이 있어요. 오래 그린다고 좋은 게 아닙니다."

'한국 시사만화의 대부' 박재동 화백. 그가 『한겨레』 지면에 선보인 「한겨레 그림판」은 기존 신문 만평에 대한 통념을 순식간에 무너뜨렸다. 그의 만평은 대학가와 각종 행사, 다양한 집회에서 단골 메뉴로 등장했고, 여야 정당의 아침 당직자 회의 때 '사전 필독물'로 지목되기도 했다.

그런 그가 그림이나 만화만큼 관심을 가지고 있는 분야가 '교육'이다. 대학 졸업 뒤 미술 교사를 하기도 했던 그는 어느 인터뷰에서 "미술 교사가 되어 아이들을 가르치는 일이 너무 즐거웠다."라고 고백한 적이 있다.

"단순하게 그림을 가르치는 수업을 했던 게 아니라 다양한 방식으로 아이들과 함께하면서 즐겁게 교사 생활을 했습니다. 그렇게 몇 년이 지난 어느 날, 수업을 마치고 교무실에 있는데, 문득 아이들 가르치는 게 너무 행복하다는 생각을 하게 된 겁니다. 더 이상 바랄 게 없다는 생각까지 들고요. 그 순간, 마음 한쪽에서 확 불안감이 스치더군요. '내가 그림쟁이인데, 그림을 안 그리면 불안해야 하는데, 왜 불안하지 않지?' 하는 생각이었지요." 그 직후 그는 교사 생활을 접는다. 그리고 일러스트 회사에서 일하며 원 없이 그림을 그리다 『한겨레』에 만평 화백으로 입사한다. 그러는 와중에도 아이들과의 생활, 가르치고 배우는 것에 대한 동경은 끊임없이 이어졌다.

114

서울서 '혁신'하고,
경기도서 '꿈꾸는' 교육 전문가

곽노현 서울교육감 당선 직후 취임준비위원장을 맡았고, 취임 뒤에는 '혁신학교 운영위원장'을 지내셨습니다. 지난해 4월부터는 경기도교육청 '꿈의 학교 운영위원장'을 맡아 활동하고 계시지요?

박재동   내가 서울시교육청에서 '혁신학교'라는 재미난 실험을 하고, 지금 경기도에서 새로운 학교를 꿈꾸는 일을 맡게 된 배후가 바로 여기 있는 김영철 원장입니다. (웃음) 2010년 봄인가, 한겨레신문사 시절부터 절친했던 김 원장과 막걸리를 한잔하기로 약속을 했는데, 이 사람이 나한테 사전에 얘기도 하지 않고 곽노현 방통대 교수를 약속 장소에 데리고 나왔더라고요. 곽 교수가 시민 사회와 학계 등으로부터 서울교육감 후보로 추대를 받은 직후였는데, 출마 여부를 놓고 고민을 거듭하고 있더군요. 그때 처음으로 만난 거지요.

교육감 후보를 만난 자리에서 박 화백님이 몇 시간을 거의 일방적으로 교육에 대해 얘기한 걸로 기억합니다.

박재동   그때 내가 뻥을 얼마나 쳤는지 김 원장은 기억하지요? 교사 생활 때 온갖 경험을 다 얘기했거든요. "애들은 뭐든지 할 수 있다. 어른들이 허락을 안 해서 그렇지 집도 지을 수 있다. 장사도 잘할 수 있고, 심지어 선생도 가르칠 수 있다. 커리큘럼도 짤 수 있고, 시험 출제도 할 수 있고, 채점도 스스로 할 수 있다. 아무튼 애들은 다 할 수 있다." 이렇게 뻥을 막 쳤어요. 곽 교수가 얘기를 한참 듣더니 이러더군요. "드디어 고민이 해결됐습니다. 저 대신 박 화백님이 교육감 선거에 나가십시오. 제가 혼신의 힘을 다해 돕겠습니다."

저는 그 자리에서 교육감 후보가 교체되는 줄 알았습니다. 박 화백님이 워낙 뻥을 잘 쳤고, 곽 교수님이 워낙 진지하게 대꾸하셨잖아요? (웃음)

박재동   내가 책임지는 게 아니니까 막 나오는 대로 떠들었지요. 저녁 6시쯤 만나 12시 넘어까지 떠들어 댔습니다. 서로가 "맞습니다, 어쩌면 내 생각하고 똑같습니까." 하면서 쿵짝이 엄청 잘 맞았지요. 둘이 함께 가면 뭐가 돼도 될 거 같은 느낌이 확 들더군요. 그 뒤 곽 교수가 선거에서 당선됐는데, 당선 직후 전화가 왔어요. 교육감 인수위원장을 해 달라는 거예요. 말하자면 '취임준비위원장'인데, 엄청 중요한 거 아닙니까? 그런데 만화가한테 그걸 하라는 거예요. 고사하려고 했다가 생각을 고쳐먹었지요. '그래, 새 교육의 새 패러다임을 짜는 거야. 한 달만 봉사하자.' 그런데 한 달만 봉사한다고 됩니까? 그 뒤에 애프터서비스를 해야 하더라고요. (웃음) "네가 떠들었으니까 한번 해 봐라." 이런 거지요. 그래서 '혁신학교 운영위원장'이 된 겁니다.

운영위원장을 수락할 때 '혁신학교'라는 게 어떤 건지는 알았습니까?
박재동   수락하면서 곽 교육감한테 이렇게 얘기했어요. "난 혁신학교의 내용이나 운영위원장의 역할, 이런 건 세세하게 모르겠다. 어쨌든 아이들이 학교에 가고 싶게만 하자. 아이들이 아침에 학교에 가고 싶게만 하면 무슨 일이든 성공한다." 그렇게 말하고는 "꿈의 학교, 행복한 서울 교육·교육 혁명"이라는 슬로건을 만들어 냈습니다. 근데 나중에 애들이 진짜로 우리가 만든 그 혁신학교에 가고 싶다는 거예요. 주변 땅값도 오르고요. 혁신학교는 일단 대성공을 한 셈이지요.

지금은 경기도교육청에서 '꿈의 학교 운영위원장'을 맡고 계십니다. 거기서 말하는 '꿈의 학교'는 어떤 건가요?

<u>박재동</u>　　재작년인가, 성공회대 김민웅 교수가 쓴 『동화 독법』이라는 책의 출판 기념회가 있었어요. 아주 재미난 책인데, 이런 식입니다. 동화를 읽는데, 가령 『미운 오리 새끼』 같으면, 오리 새끼가 자기 정체성을 찾아서 행복해하는 해피엔딩이잖아요? 자기실현, 자기 발견, "아! 행복해, 됐어." 그런데 김 교수는 거기서 한걸음 더 나갑니다. 오리가 백조가 돼서 행복한 것으로 그만두지 않고 "그 뒤 백조는 어떻게 사느냐?" 이걸 되묻는 거예요. 백조는 백조들끼리 딱 뭉쳐서 산대요. 그러면서 오리들을 억압하고, 깔보고, 때로는 착취하고. 아, 그 말을 들으니까 '이건 완전 내 얘기다, 내가 바로 미운 오리 새끼다.' 싶은 거예요.

박 화백님이 오리 새끼라.

<u>박재동</u>　　그렇지요. 내가 어렸을 때 어리바리해서 스스로 내가 완전

오리라고 생각했어요. 근데 어찌어찌하다 보니까 명문 대학을 간 겁니다. 내가 백조였던 거지요. 그 뒤부터 백조 생활을 하게 됐어요.

그런데 우리 딸이 공부를 너무 못해. 얘는 백조인 줄 알았는데, 오리야. 그러니까 떡볶이집, 미용실 등 동네 간판이 다 새로 보이는 거예요. 그전에는 '우리 딸은 저런 거 안 하겠지.' 이렇게 생각했던 거지요. 왜? 백조의 딸이니까. 내가 말로는 시민을 위하네 어쩌네 하지만, 스스로 엘리트주의에 찌들어서, 내가 엘리트주의에 찌든 것도 모르고 살았던 것이지요. 그 뒤부터 '백조도 없고 오리도 없는 새로운 세상을 만들자'는 꿈을 꾸기 시작했습니다.

아무튼 이런 이야기를 그 출판 기념회에서 특강 형식으로 했는데, 그 자리에 참석했던 경기도교육청의 이재정 교육감이 이걸 들은 거예요. 이분이 내 손을 덥석 잡고는 "지금 말한 그 '꿈의 학교'를 당장 같이 해 봅시다." 이러는 겁니다. 그렇게 해서 시작된 것이지요.

그게 언제쯤인가요?

박재동 　재작년 봄이지요, 아마? 내가 곽 교육감한테 했던 이야기, 새로운 학교를 만들자고 했던 그 이야기를 그대로 다시 한 건데, 평소에 꿈을 많이 꾸는 이재정 교육감이 듣더니 '꿈의 학교'를 현실에서 만들어 보자고 응답한 거지요.

학생들 스스로 만드는 학교,
'꿈의 학교'

'꿈의 학교'라, 어떤 학교입니까?

박재동   두 가지 유형이 있습니다. 하나는 '꿈의 학교 A', 이건 마을 공동체하고 연결된 겁니다. 방학 때나 토, 일요일을 이용해서 하는 방과 후 학교이지요. 선생은 학교에만 있는 게 아니다, 우리가 사는 마을에도 도사나 고수들이 많다, 이런 개념이지요. 하다못해 치킨 잘 굽는 사람도 있고, 솜씨 좋은 목수도 있고, 개그 잘하는 사람도 있고요. "이런 사람들 누구든지 학교를 만드십시오, 지원해 드리겠습니다." 이렇게 공고를 하니까 엄청나게 응모가 많이 들어왔어요. '만화 학교', '개그 학교', '뮤지컬 학교', '연극 학교', 심지어 '여행 학교', '한옥 짓는 학교'까지 나왔어요. 정말 별별 학교가 다 있더군요. 그러면 이제 아이들이 거기로 찾아가는 겁니다. 정말 가르치고 싶은 사람이 만든 '마을학교'에 찾아가서 배우는 거지요. 이게 '꿈의 학교 A'입니다.

'꿈의 학교 B'가 궁금합니다.

박재동   사실 B가 더 중요해요. A는 요즘 많이 생겨나고 있으니까, 아주 특별한 건 아니지요. B는 뭐냐 하면, 아이들이 스스로 학교를 만드는 겁니다. "굳이 어른들이 만든 학교에 다닐 필요 없다. 너희들이 직접 학교를 만들 수 있다." 이게 '꿈의 학교 B'입니다.

'아이들이 만드는 학교', 그건 박 화백님의 오랜 지론이기도 했지요?

박재동   그렇습니다. 옛날부터 내 꿈이었어요. 그런데 이재정 교육 감이 이걸 하자는 거예요. 아무리 바빠도 이건 해야 되겠다 싶어 시작하게 된 것이지요. 그래서 아이들을 상대로 공모를 시작했습니다. "세 명이 사흘 동안 운영해도 '학교'다. '학교'를 너무 거창하게 생각하지 마라. 방학 동안에 해 봐라." 이렇게 공모를 했는데, 엄청나게 많은 아이들이 응모를 했어요. 자기들이 직접 학교를 만든다니까 얼마나 좋았는지…….

몇 명이나 들어왔는데요?

박재동   1,400명. 예상을 웃도는 열기였지요. 그런데 이 숫자를 다 지원할 수 없는 거 아닙니까? 이렇게 많이 올 줄 몰랐던 거지요. 그래서 기획서를 보고 백 명을 가려 뽑은 겁니다. 뽑힌 애들이 2박 3일 합숙 캠프를 갔는데 나도 거기에 따라갔어요. 애들이 자신들이 만들고 싶은, 꿈꾸는 학교에 대해 프레젠테이션을 한 다음에 자기들끼리 모여서 학교를 만들게 한 것이지요. 엄청 재미있고 기발한 학교들이 속출하더라고요.

가령 이런 식이지요. 이를테면 '매일매일 다른 학교'입니다. 오늘은 노는 데이(day), 오늘은 먹는 데이, 오늘은 영화 보는 데이, 오늘은 공부하는 데이, 오늘은 영어 하는 데이, 이게 '뭔 데이 학교'입니다. '호러(공포) 학교'도 있어요. 호러를 가지고 무슨 공부도 하고 호러 영화나 소설 등을 실컷 보고 싶다는 건데, 자신감을 갖게 해 주는 학교

래요.

아이들 상상력이 대단합니다. 또 특별히 기억나는 학교는 없나요?

박재동   일제 강점기에 독립운동하던 분들의 묘소를 찾아가는 학교
도 있어요. 찾아가서 헌시를 하고, 청소를 해 주고, 표지판을 갈아 주
고, 그분들의 활동과 의미에 대해 공부한다는 거지요. 이런 학교들은
우리 어른들이 도저히 생각하지 못하는 학교 아닙니까? '치킨 학교'
도 있고, '한복 학교', '우리 문화·우리 음식 학교'도 있고요. 또 여행
을 하는 '드림 로드 스쿨'이라는 학교가 있어요. 중국을 여행하겠다
는 거지요. 그런데 돈이 너무 많이 들어서, "야, 너희들 이거 국내에서
해라." 그랬지요. (웃음) '푸드 트럭 학교'도 있어요. 트럭에서 음식을
만들어서 동네를 다니면서 판다는 겁니다. 이건 창업 학교 성격인데,
경기도교육청에서 트럭과 기사를 지원해 주고 음식 만드는 기계도
지원해 주었지요. 애들이 얼마나 좋았겠어요.

그렇게 만든 학교가 모두 몇 개였나요?

박재동   스물다섯 개. 한 학교당 평균 네 명입니다. 교장도 있고 교감
도 있고. 자기들 마음대로 다 짜는 겁니다.

그래도 잘 돌아가던가요?

박재동   말도 마요. 인상적인 학교 가운데 애플리케이션 만드는 학
교가 있었어요. 나는 항상 아이들이 어른을 가르칠 수 있다고 주장해

왔거든요. 애들이 우리보다 더 아는 게 많다, 그걸 완전히 입증해 준 학교입니다. 웹, 애플리케이션, 이런 걸 만드는 아이가 교장이자 교사였지요. 고1인데 이 분야에 완전 도사예요. 자기 학교 홍보한다면서 우리보고 앉아서 들어 보래요. 이 아이가 연단에 두꺼운 책 두 권을 놓아두고는 고1, 중3 조수 두 명을 옆에 딱 세워요. "아, 이 책은 애플리케이션하고 웹에 관한 책입니다. 컴퓨터의 어법을 설명하는 책이지요. 그리고 이 책은 이 어법을 가지고 새로운 것을 창조하는 방법을 알려 주는 책입니다. 이건 무지하게 어려워서 어른들은 잘 이해가 안 될 겁니다. 우리가 만든 이 학교의 이름은 '자유 정보 학교'입니다." 이러는 거예요.

이쯤 되면 우리 어른들이 할 말이 없게 되겠네요. (웃음)

박재동   어른들은 그런 거 배우려고 해도 못 배우잖아요? 아이들한테 배우기에는 우리 어른들 수준이 너무 낮은 것이지요. (웃음) 그런데 이 아이들이 두 달 동안 이런 학교를 뚝딱 만들어서 해낸 겁니다. 그러니 내가 얼마나 기분이 좋았겠습니까? 내가 이 아이들 졸업을 시키면서 연설을 했는데, 굉장히 마음에 들게 했어요. 자백을 한 거지요. (웃음) 내가 지금도 이 자백 기록을 가지고 있는데, 한번 읽어 볼까요?

스스로 학교를 만든 여러분은
인류 역사상 첫 사람

스스로 감동한 졸업식 축사였군요. (웃음)

박재동   "여러분, 여기 앉아 있는 여러분은 이 지구가 생긴 이래로 첫 사람입니다. 아주 옛날, 교육은 제사장같이 소수의 특별한 사람에게 만 이루어졌고, 그다음은 귀족이나 양반 같은 특권층에게만 이루어 졌으며, 지금처럼 모든 국민이 다 교육을 받는 일이 일어난 지는 얼 마 되지 않습니다. 모든 국민이 다 글자를 배우고 숫자를 깨우치니 얼마나 좋습니까? 그러나 그 교육은 어디까지나 어른들이 여러분에 게 교육을 시킨 것이고, 아무리 좋은 교육이라 하더라도 여러분은 교 육을 당한 것입니다. 교육을 당하고 평가받고 등급을 받습니다.

그러나 지금 여러분은 여러분이 스스로 커리큘럼을 짜고, 배우고, 가르치고, 학교를 운영했습니다. 그리고 여러분은 스스로를 평가했 습니다. 소고기처럼 등급을 나누지 않아도 됩니다. 오직 여러분만이 아는 그 기쁨과 보람과 아쉬움으로 평가합니다. 평가를 하지 않아도 상관없습니다. 기쁘지 않습니까? 지구상에 이런 시도가 없었던 건 아 니지만 이렇게 확실한 공적 제도로 학생이 학교를 만들어 온전히 운 영한 일은 없습니다. 그래서, 여러분은 실감할 수 없겠지만 이 일은 실로 엄청난 일인 것입니다.

저는 사실 오늘이 얼마나 기쁜지 모릅니다. 저는 아주 어렸을 때부 터 그림을 그리고 예술을 해 와서 그것이 생명보다 귀중하지만, 여러

분의 이 모습이 너무나 좋아서 난 그냥 이대로 죽어도 괜찮을 것 같습니다. 생명은 다 같이 귀중하기 때문에 여러분이 기뻐하는 그 모습이 바로 내 생명이나 같기 때문입니다.

여러분은 누군가가 주는 일을 수행하는 수행자가 되지 마십시오. 창조자가 되십시오. 이제 여러분은 이 세상 사람 어느 누구도 가 보지 못한 길을 갑니다. 나보고 여러분에게 해 주고 싶은 얘기를 하라 했는데, 저는 여러분보다 모릅니다. 이 일을 기획하긴 했어도 체험하진 못했습니다. 학교를 만들어서 해 보니 어떻더냐고 물었을 때 누가 대답을 할 수 있겠습니까? 저입니까, 여러분입니까? 오직 여러분만이 압니다. 여러분만이 그 맛을 압니다. 그래서 여러분이 인류 역사상 첫 사람이라는 것입니다.

여러분은 이제까지 어느 학생도 맛보지 못한 새로운 기쁨을 찾는 길을, 보람을 찾는 길을, 새로운 우정과 삶의 길을 걸어가십시오. 새로운 세상을 만드십시오. 새로운 기쁨을 만들고 누리는 세상을 만드십시오. 그리고 우리에게 가르쳐 주십시오. 우리는 여러분에게 배울 준비가 되어 있습니다."

캬, 얼마나 좋아요. 이런 내용입니다.

자뻑할 만하네요.

박재동   두 달 동안 '꿈의 학교'를 진행했던 결과 발표를 겸한 자리였지요. 사람이라는 게 아무리 좋아서 하는 거라도 누가 평가한다고 하면 그게 신경 쓰이잖아요? 그런데 그 자리는 아이들 스스로가 스스로를 평가하는 자리였어요. 어른들이 딱 지켜 주는 가운데 자기들이 두 달 동안 했던 일들을 평가하는 거니까, 신나서 막 하는 거예요.

창조성과 자발성, '꿈의 학교'를 움직이는 힘

'꿈의 학교'를 운영하는 몇 가지 원칙이 있다고 들었습니다.

박재동   원칙이라기보다는 내 고집이라고 해야 하는데, 가령 이런 거예요. 첫째, 아이들이 스스로 교육을 운영해야 진짜 주인이 된다. 아무리 말로 아이들이 주인이 되어야 한다, 자발성과 창조성이 있어야 된다, 이렇게 해 봐야 소용이 없습니다. 자기가 직접 학교를 만들어야 합니다. 그러면 자연히 창조력이나 자발성, 주인 의식이 생깁니다.

다음은 돈을 벌어야 합니다. 아이들이 돈을 못 벌면 어른들한테 약해집니다. 그래서 돈을, 용돈이라도 벌 때, 발언권이 생기는 겁니다. 그리고 돈을 벌어 봐야 나 같은 백조 의식이 없어지기도 하고요. 돈벌이가 만만치 않은 걸 알게 되거든요. 돈을 벌어 보면 동네 길거리에 있는 직업들이 다 소중하게 보이게 되지요. 그런데 지금 교육은 반대로 하고 있잖아요? "너 공부 안 하면 나중에 풀빵 장사 한다." 이런 식이지요.

요즘에는 공부해서 대학 가도 취업도 어렵고 별 볼 일 없어요.

박재동　그래서 대학원 가잖아요? 대학원 가도 별 볼 일 없으니까 외국 유학 가고요. 근데 박사 학위 따고 돌아와도 갈 데가 없잖아요? 얼마 전에는 물리학 박사가 환경미화원 채용에 응모했다는 보도도 있었어요. 그런 얘기를 들으면 한편으로는 안됐지만 '이제야 세상이 제대로 돌아가는구나.' 하고 생각합니다. "물리학 박사인데 왜 환경미화원을 하냐? 쯧쯧……." 이런 시대는 지나갔어요. "환경미화원인데 물리학 박사래. 와, 멋있잖아!" 이렇게 되어야지요. 배운 사람은 배웠기 때문에 천한 일을 안 하는 게 아니라, 배운 사람이 하는 일은 다 가치 있게 되는 겁니다. 가치를 만드는 사람이 배운 사람이지요. 여기서 더 나가서 정말 하고 싶은 일, 진짜 꿈이 있습니다.

청년들이여, 스스로 대학을 만들어라

지금까지 말씀하신 것도 소설 같은 얘기인데, 거기서 더 나간 진짜 꿈은 무엇입니까?

박재동　초·중·고등학교만 이렇게 해서는 안 된다는 것이지요. 대학교도 아이들이 직접 만들어야 한다는 겁니다.

학생들, 청년들이 스스로 만드는 대학이라고요?

박재동　진짜 중요한 건 청년들이 직접 대학을 만드는 일입니다. 일류 대학에 합격하려고 기를 쓰지 말고. 이미 있는 학교에 들어가려고 애를 쓰다 보니까 지금 모든 대학이 서열화되고 사교육이 생기는 거 아닙니까? 이게 얼마나 고통스러운 일인가요? 이건 완전한 사회적인 대낭비인 것이지요. 더 이상 해서는 안 될 때까지 와 버렸어요. 그래서 아이들이, 청년들이, "청년들이여, 저 SKY 대학 가려고 머리 처박지 말고 스스로 대학을 만들어라. 청년들이여, 대학을 만들자!" 이런 캠페인을 해야 한다는 것이지요. 청년들 열 명이 모여 협동조합 만들어서 대학 이름 붙이고 이런저런 공부하자, 이러면 대학이 되는 겁니다. 3년도 좋고 4년도 좋고 5년도 좋다, 우리 5년 동안 세계를 걸어 다니자, '세계 여행 대학'쯤 될 터인데, 이 친구들이 5년 동안 세계를 걷고 왔다고 칩시다. 이 친구들이 4년제 대학 나온, 5년제 대학원 나온 사람들보다 못할까요? 그렇지 않습니다. 뭔가 청년들 스스로 꿈꾸는 대학을 만드는 거예요. 그런 걸 여러분들이 만들 수 있다, 어른들이 그걸 도와주겠다, 이런 식으로 캠페인을 펼치는 것이지요. 그게 현실이 될 때 청년들이 대학을 군이 안 가도 되고, 그렇게 될 때 지금 있는 대학은, 대학 졸업 자격은 그 의미가 점점 줄어들 것입니다.

사실 대학이나 대학 졸업이 가지는 의미가 최근 몇 년 사이에 많이 달라졌습니다.

박재동 요즘 기업들이 서울대 나온 사람 잘 안 쓴대요. 구시대의 관리자형이기 때문이라는 거지요. 지금 정보화 시대는 인공 지능형 인재를 요구하는데, 그런 관리자형은 필요 없다는 거예요. 요즘 기업들은 열정과 책임감이 있고, "같이 어울려서 어려움을 이겨 내 보자!" 하는 사람이 필요한 겁니다. 그러니까 대학 졸업장보다 자기들끼리 만든 '여행 대학'에서 "3년 동안 걸어서 세계를 여행하고 왔습니다." 하는 청년들이 취직하는 데 더 유리할 수 있는 것이지요. "우리는 우리끼리 만주와 사할린, 남경과 상하이를 돌아보면서 독립운동사를 공부하고 왔습니다." 이런 젊은이들이 강의실에서 근대사 공부한 사람보다 더 나을 거 아닙니까? 그래서 청년들 스스로 새로운 대학을 만들어야 한다는 겁니다.

그럴 듯한 얘기인데, 정말 가능할까요?

박재동　이미 그런 대학을 만들려는 데가 조금씩 생겨나고 있어요. 이미 영화도 한 편 나왔어요. 「억셉티드(Accepted)」라고. 미국 영화인데, 이런 줄거리입니다. 어떤 남자애가 대학을 계속 떨어집니다. 근데 부모는 자식이 대학에 못 가는 걸 인정할 수 없는 사람이에요. 그걸 아는 이 애가 고민을 거듭하다가 자기하고 비슷한 처지의 애들을 모아 놓고 "야, 우리 가짜로 대학 하나 만들자."라고 선동을 합니다. 그래서 결국 '홍익대학 부설 무슨 학교' 하는 식으로 그럴 듯하게 가짜 대학을 만들었지요. 합격증과 학생증도 그럴 듯하게 만들고, 부모들도 깜빡 속아서 등록금까지 다 주게 됩니다. 이 애들이 인터넷에 이 가짜 대학을 올리니까 대학에 떨어져 갈 데 없는 청년들이 엄청 몰려왔어요. 사오십 명이 등록금까지 다 내니까 이젠 진짜 학교를 만들 수밖에 없는 상황이 돼 버린 거예요. 자기들끼리 등록금 받은 돈을 모아서 구질구질한 건물에 세를 얻은 뒤 리모델링을 합니다. 그러고는 우리들 하고 싶은 거 중심으로 커리큘럼을 만들자면서 칠판에다가 한 사람씩 돌아가면서 죽 씁니다. "나는 명상을 하고 싶다, 춤만 추고 싶다, 나는 오토바이 레이싱을 하고 싶다, 수영 같은 운동을 하고 싶다, 나는 초능력을 연구하고 싶다." 뭐 이런 꿈을 칠판에 가득 적어 놓고 그대로 하는 거예요. 모든 걸 자기들이 알아서 다 하는데 과목별로 자기가 주임교수이자 학생인 겁니다.

와, 재미있겠는데요?

박재동 그러다가 어떤 사건을 계기로, 이를테면 홍익대 당국과 교육부에 들킨 거예요. 그런 대학이 없다는 게 밝혀진 거지요. 그때 진짜 대학의 어떤 뜻있는 교수 하나가 멘토로 나타납니다. 이 교수가 얘들을 다 데리고 대학 평가 및 인가 위원회에 가게 되지요. 학부모들도 완전 충격받고 이리로 몰려오고요. 이 위원회 위원장이 교수와 학생들에게 묻습니다. "이 학교는 커리큘럼이 있습니까?" 학생들이 "예."라고 아주 당당하게 대답합니다. "그럼 한번 봅시다." 하니까 그 칠판을 죽 보여 줘요. "그럼 교수는 있습니까? 교수 일어나 보세요."라고 묻습니다. 그러니까 얘들이 다 일어납니다. "제가 교수입니다."라고 대답하지요. 위원회가 뒤집어지고, 큰 논란이 이어지는 그런 내용입니다.

이 영화가 언제쯤 나왔지요?

박재동 2006년. 세계적으로도 이미 젊은이들 가슴속에 '대학을 우리가 만들면 안 되나?' 하는 생각이 숨어 있었다는 거지요. 그런데 아직 아무도 시도하지 못했는데, 바로 그걸 하자는 겁니다. 아주 조금씩이라도. 중요한 건 청년들이 직접 대학을 만들어야 한다는 겁니다. 건물은 있어도 되고 없어도 됩니다. "우리는 '스타벅스 대학'이다. 여기서 모이자.", "우리는 걸어 다니면서 공부하는 대학이다." 자기들 마음대로 하는 거지요. 한 사람이 여러 대학을 다닐 수도 있어요. 한 사람이 어느 대학에 가서는 선생을 하고, 다른 데 가서는 학생을 하는 거지요. 교수도 자기가 찾아가면 되는 거고. 모든 걸 스스로 알아서 하는 겁니다. 이런 그룹들이 많이 생기면 세상 지형이 바뀔 겁니다. 지형이 바뀌면 경쟁력 있는 대학을 하는 청년들의 사회적 가치가 높아지게 됩니다. 그렇게 되면 진짜 대학에서 이 청년들한테 손을 내밀 수도 있어요. "너희들 공부한 거, 우리가 학점 인정해 줄게." 이런 식으로. 그런데 또 중요한 일, 다음 과제도 있습니다.

세대를 아우르는 학교,
'꿈의 학교 C'

아니, 여기서 또 나간 과제가 있다고요?
박재동   노인 문제와 관련된 과제인데 반드시 노인만의 문제는 아니에요. 우리 사회 모든 세대가 다 관계되어 있는 거예요. 일본에서는 노인들이 갈 데가 없으니까 일부러 범죄를 저질러서 유치장에 간다고 하지요. 조만간 우리도 그렇게 될 수 있습니다. 지금 청년 문제가 장난이 아니지만 노인 문제도 장난이 아닙니다. 그래서 내가 생각해 낸 것이 '세대를 아우르는 학교'입니다. 우리나라의 경우 문화, 교육 등 사회 모든 영역이 너무 나이별로 쪼개져 있어요. 초등학생은 그 안에서 1, 2, 3학년, 이런 식으로 갈리고, 중학생, 고등학생, 대학생, 아저씨, 아줌마, 노인, 이런 식으로. 자기 세대들끼리만 딱 지층이 갈라져 있지요. 물론 또래 문화가 친숙하고 재미있긴 하지요. 그러나 옛날에, 우리 어릴 때 보면 한 마을에 살면서 일도 같이하고, 잔치하고, 모든 걸 같이하면서 그 안에서 아이들이 편안했거든요. 그렇게 생활하면 아이들 마음속에 어른의 캐릭터가 들어와 살게 되는 겁니다. 너그러움도 생기고 양해심이나 이해심도 길러지고. 그러면서 전 인류적인, 전 인간적인 캐릭터가 만들어지는 거지요. 어른들과 함께 있다는 것 자체로 편하고, 불안감이 없어지고요. 어른들도 아이들이 같이 있으니까 좋고.

지금 이런 것들이 철저하게 파괴됐어요. 그래서 완전히 세대별로 노선이 갈리잖아요? 한 살, 두 살 차이로 문화가 다르고요. 또래 문화가 중요하니까 어쩔 수 없는 측면이 있지만 모든 학교가 다 그럴 필요는 없다는 겁니다. 초등학교 1학년하고 5학년하고 왜 달라야 합니까? 왜 같이 생활하면 안 되지요? 연극을 한다 칩시다. 애들끼리만 있으면 할아버지 역은 자기들끼리 수염 달아서 "에헴" 이렇게 하잖아요? 그런데 진짜 할아버지가 있으면 그 역할을 할 수 있지요. 사실 세대가 뒤섞여서 할 수 있는 게 굉장히 많아요. 그런데 우리 사회는 서로 같이 할 수 있는 게 너무 없어요. 이걸 그나마 강제적으로 할 수 있는 데가 어디냐, 바로 학교라는 겁니다.

학교라는 제도가 약간의 강제가 가능한 곳이니까.

박재동   그렇지요. 나는 이렇게 주장합니다. "학교에서 최소한 학기 초에는 일주일에 하루라도 학년끼리 뒤섞자. 이렇게 3학년, 6학년 따로 하는 건 폭력이다. 사람은, 아이와 어른은 같이 활동할 권리가 있다." 우리는 이걸 권리라고 생각하지 못합니다. 마치 맑은 바람을, 햇볕을 쏘일 권리처럼, 아이들은 노인과 어른과 함께 어울릴 권리가 있고 그럴 의무가 있다 이겁니다. 이건 헌법에 넣어야 할 권리입니다. (웃음) 또래끼리 어울릴 권리가 있듯이, 세대를 넘어서 같이 어울릴 권리도 있다는 것이지요. 이건 지금 아무도 생각을 못 하고 있어요. 오직 효율성만 바라보니까. 사회는 그렇게 해 줘야 할 의무가 있어요. 같은 또래끼리 모아 놓고 시키면 제일 효율이 높다고 생각합니다. 근데 그게 아니지요. 우리 행복이 적어질 수 있는 거지요. 학교에서 일주일에 한 번 아이들을 뒤섞는 일, 지금 그 일을 해 보려고 합니다.

'꿈의 학교 C' 버전인 셈인데, 전인교육이면서도 평생교육이겠습니다.

박재동   평생교육을 또래들끼리만 할 필요는 없는 거 아닙니까? 학교 만드는 평생교육을 통해 노인들이 스스로 '노인 대학'을 만들 수도 있는 거고요. 그 '노인 대학'에 아이들이나 아줌마, 아저씨가 갈 수 있고요. '아저씨 대학'이나 '학부모 대학'도 있을 수 있는 겁니다. 예를 들어 노인들이 보육 시설에서 어린애들 돌보면서 같이 논다거나 하는 식으로 한번 뒤섞는 게 필요하다는 생각입니다.

평생교육진흥원에 엄청난 과제를 주시네요.

박재동   오늘 여기 오기를 정말 잘했습니다. 내가 강연할 때 단골로 하는 얘기가 있어요. 대충 이런 겁니다. "아이들은 무엇이든지 할 수 있다. 우리 어른들보다 낫다. 너희들 스스로 학교를 만들고 학문도 만들어라. 학문이 뭐냐? 학문도 다 필요에 의해서 나오는 거다. 학문을 창조해라. 배달 잘하려고 '배달 학교' 가고 연애 잘하려고 '연애 학교' 갈 수 있는 거다. 그런 곳에서 배운 사람들은 그걸 학문으로 만들 수 있고, 예술로도 만들 수 있는 거다." 이렇게 권하고 다닙니다. "초·중·고등학교를 만들었으니 이젠 대학도 만들 수 있다. 그래야 우리에게 탈출구가 생긴다."

만화 같은 말씀을 들으니까 재미도 있고, 흥분도 됩니다.

박재동   기분 좋지요? 아이들이 직접 학교를 만드는 거니까요. 이 아이들은 앞으로 삶이 좀 다를 겁니다. 이 애들은 다음 후배들과 연결돼서 멘토가 되는 것이지요. 지금 중학생, 고등학생인데, 이 애들이 크면 저절로 대학을 만들 수 있을 겁니다. '꿈의 학교' 졸업식 때였어요. 내가 "여러분, 나중에 크면 대학을 만들어야 해요." 하니까 정치인이 꿈이라는 어떤 학생이 "선생님, 정치인이 돼서 세상을 바꾸겠습니다."라고 하는 거예요. 그래서 "바꿔라." 그랬습니다.

　우리나라는 지금 이런 식으로 새로운 에너지가 필요합니다. 옛날에는 두들겨 패고, 수치감을 주고, 반대로 상을 주는 방식으로 에너지를 주입했지요. 그리고 그 에너지로 근대화도 이루고 이 정도의 성장을 했지만, 그 과정에서 비인간적인 문제나 소외, 자살, 이런 것이 함께 왔잖아요? 이 문제를 해결하지 않고 그냥 앞만 보고 왔더니 이제 사회가 꽉 차고 사람들이 갈 데가 없어요.

우리가 시킨 대로 했는데 얘네들이 갈 데가 없잖아요? 그러니까 "너희들이 스스로 해라. 우리 어른들이 답을 줄 수가 없다. 너희들 살길은 알아서 찾아라. 그게 더 힘이 있어." 이렇게 얘기합니다. 이재정 교육감이 똑똑하더라고요. (웃음) '꿈의 학교' 하면서 아이들이 돈을 직접 마련하도록 해야 한다는 거예요. 돈을 막 줘서는 안 된다는 겁니다. 어른들은 힌트만 주면 된다는 거지요. '여행 학교' 아이들 일곱 명이 중국 대륙을 다 여행하겠다면서 돈이 얼마 드니까 지원해 달라는 거예요. 그래서 너희들이 직접 기획서를 써서 삼성이든 지자체든 정부 부처 어디든 가서 지원을 받으려는 노력을 해 보라고 했어요. 여행 갔다가 와서 이런저런 것을 해 주겠다면서 투자를 받으라고. 애들이 기획서를 써 본 적이 없으니까 그런 부분만 멘토해 주고요.

교육청에서 교육 관료들과 이런 일을 한다는 게 쉽지 않을 텐데요?

박재동 '꿈의 학교' 운영위원장으로 앞서 말한 A, B 두 개를 다 관할하고 있는데, 교육청하고 일하기가 얼마나 좋은지 몰라요. 교육 공무원들이 관료적이어서 오히려 교육감이라는 든든한 백이 있는 내가 호가호위할 수 있더라고요. (웃음) 이재정 교육감이라는 분이 참 재미

있는 분이더군요. 좀 순진하시기도 하고요. 잘 모르는 것도 있으니까 사람이 용감해져서 팍팍 추진하시는 거예요. (웃음) '꿈의 학교', 아이들이 만드는 이런 학교를 일만 개를 만들겠답니다. 일만 개를. 지금 겨우 스물다섯 개 만들어 놓고서는. 앞으로 어떻게 예산을 따낼지 모르겠어요. (웃음)

한 학교당 얼마나 지원합니까?

박재동   한 학교에 2천만 원에서 3천만 원 정도 줍니다. 어른이 도와주는 학교는 4천만 원까지 지원했으니까, 사실 돈이 많이 들어간 겁니다. 그래서 "지원금을 좀 줄이자. 애들한테 막 주지 말고, 조금만 주는 대신 애들이 직접 돈을 벌어서 학교를 만들게 하자. 그것도 공부다." 그렇게 좀 바꾸려고 합니다. 학교당 지원금을 줄이는 대신, 학교를 많이 만드는 쪽으로 방향을 선회하려는 것이지요.

오전 11시 40분쯤 시작된 인터뷰가 어느새 오후 1시를 넘기고 있었다. 박재동 화백은 질문 시간도 주지 않은 채 새로운 학교에 대한 자신의 꿈을 열정적으로 풀어 나갔다. 그는 이야기의 중요한 고비마다 특유의 표정과 제스처, 만화의 말풍선에나 나올 법한 표현을 동원해 인터뷰 팀을 압도했다. 점심시간이 훌쩍 지난 시간, 우리는 식당으로 자리를 옮겨 인터뷰를 이어 갔다.

사회악 만화,
교과서에 실리다

만화방 아들로 자라 서울대 미대 회화과에 진학했습니다. 박 화백님이 중·고등학교를 다니던 1960년대 중반, 70년대 초에는 만화에 대한 사회적 편견이 엄청 심했지요?

박재동   당시는 경찰들이 건수 올린다고 만화방 단속을 하던 시절이었어요. 만화가 심의를 통과해서 나오는데도 불량 만화를 보급했다는 이유로 추운 겨울에 아버지를 경찰이 잡아간 겁니다. 아버지가 몸이 편찮으셔서 어머니가 대신 유치장에 갔는데 나중에 판사가 무죄로 해 줘 나오셨어요. 어머니가 그 추운 유치장에서 나온 날이 장남인 내 대학 합격 발표 날이었어요. 엄마가 부랴부랴 집에 와서 딱 보니까, 내가 합격을 한 겁니다. 그것도 서울대 미대를. 그때 우리 어머니가 길거리에 나와서 막 외치고 싶었대요. 만화방 아들도 서울대 갔다고. 사람들이 만화방 한다고 얼마나 구박을 했으면 그랬겠습니까? 당시 만화책은 사회악이었어요, 사회악. 청소년의 달인 5월이 되면 텔레비전에서 만화책을 길거리에 쌓아 놓고 불 지르는 행사까지 나왔다니까요.

만화책은 몰래 봐야 하는 책이었던 시절이었지요.

박재동   대학에 애니메이션학과나 만화학과가 생길 거라고는 상상도 못 했지요. 내가 쓴 책 가운데 『만화, 내 사랑』이라는 게 있어요. 그

책에서 이렇게 말했어요. "왜 만화를 천시하고 억압하느냐? 교과서에 안 나오고, 시험에 안 나오기 때문입니다. 시험에 나오면 천시 안 합니다." 그래서 내가 만화도 교과서에 실려야 된다고 막 주장하기 시작했어요. 7년 뒤 국정 교과서 국어책에 내 만화가 실렸어요. 지금은 많이 실려 있고요. 나도 어디 어디에 실려 있는지 다 몰라요. 최근에 나온 건 창비가 출판한 『고등학교 국어 I』 교과서입니다. 나하고 강풀하고 만화에 관한 대화를 나눴는데, 거기에 내 만화가 함께 실려 있지요. 허영만의 「식객」이 실린 교과서도 있고요. 지금은 이 정도로 변한 겁니다. 나는 '세상에 귀한 것, 천한 것이 따로 있는 게 아니다. 지금 천한 것 속에 귀한 것의 싹이 숨어 있다.' 이렇게 생각합니다.

미술은 소통 절실함 없지만 만화는 대중과의 소통이 필수

요즘 중고생들의 4분의 1가량이 웹툰 작가를 꿈꾼다는 말도 있더라고요.

박재동   옛날에 이규호 선생이라고, 만화가가 계셨어요. 홍익대 미대를 나왔는데, 그분이 동창회에 잘 못 갔습니다. 동창회에 가면 동창들이 "규호 걔는 애들 코 묻은 돈이나 버는 만화 그린대."라면서 비아냥거린다는 겁니다. 정통이 아니라 샛길로 갔다는 거지요. 회화를 해야 하는데, 만화 그리는 건 샛길이라는 겁니다. 그런데 지금 상황은 어떻습니까? 동창회에서 오라고 해도 안 갑니다. 이제 이규호 선생은 핑

장히 유명한 인사가 됐고 정통 미술을 한 자기들은 아무것도 아니거든요. 그리고 생각을 해 보세요. 그 화가들이 우리 사회에 뭘 해 주었습니까? 물론 뭔가 하긴 했겠지만. 반면, 만화가는 아이들의 친구가 돼 주었지요. 아이들에게 캐릭터를 심어 주고, 이야기를 심어 주고, 상상력을 불러일으켜 주었어요. 우정의 중요성을, 노력의 중요성을, 이런 것들을 다 알려 줬지요, 만화 속에서. 누가 더 중요한 일을 했냐, 이겁니다. 지금 미술대학에 남학생은 거의 안 간대요. 나와 봐야 먹고 살 길이 없다는 거지요. 그런데 만화에는 먹고살 길이 있습니다. 거의 유일하게 음악 말고는 만화뿐입니다. 지금은 웹툰이 거의 유료화되어 있기 때문에 돈을 엄청나게 법니다. 잘나가면 한 달에 6천만 원씩도 번다고 해요. 그게 왜 그런가 하면, 회화는 사람들하고 소통하겠다는 절실함이 없잖아요? 교수하고만 소통하면 됩니다. 근데 만화는 사람들, 대중하고 소통해야 하지요. 사람들의 마음을 뺏어야 합니다. 이 바쁜 세상에서 사람들 마음을 뺏으려면 얼마나 노력해야겠어요. 엄청 노력을 하게 되고, 그러니까 사람들이 1분이라도, 30초라도 웹툰을 봐 주는 거지요. 그러니까 돈도 되는 거고.

우리나라 웹툰이 정말 세계 최고 수준인가요?

박재동   맞아요. 우리나라 웹툰이 세계화되고 최고 수준이 된 데는 비밀이 있어요, 어렵지 않은 비밀. 우리나라가 일본 만화가 확 들어오는 바람에 종이 만화는 완전히 죽었어요. 그러니까 작가들한테 길이 웹툰밖에 없는 거예요. 처음에는 사람들이 웹툰을 우습게 생각했어요. 우리도 우습게 생각하고 대중들도 그렇고요. 그런데 종이 만화는 돈이 많이 듭니다. 출판사도 있어야 되고, 편집장도 있어야 되고, 인쇄해야 되고, 유통해야 되고, 돈이 많이 드는 겁니다. 아무거나 출판할 수가 없는 구조지요. 돈이 되는 만화만 해야 하는 거지요. 그렇게 되면 중고생들한테 잘 팔릴 만한 것만 만들어야 됩니다. 그러니까 작가들한테도 중고생 대상의 '짱 이야기' 같은 학원물만 요구하게 되고요. 돈이 많이 드니까 작가나 출판사도 많은 작품을 할 수가 없고, 또 아무나 할 수도 없는 구조이지요.

강풀도 자기 작품 가지고 200군데가 넘는 출판사를 섭외했는데 다 실패했다지요?

박재동   그러니까 강풀이 할 수 없이 홈페이지에 만화를 올렸던 겁니다. 그런데 10만 명이 넘는 사람들이 들어와서 완전 선세 역전이 된 거예요. 웹툰이라는 게 기본적으로 작가가 독자를 직접 받을 수가 있는 구조잖아요? 지금 '네이버 웹툰' 같은 데 응모하는 작가가 몇 명쯤 되는 줄 아나요? '나도 만화가' 같은 코너에 응모하는 사람들이 몇 명쯤 될 거 같습니까?

백 명? 만 명?

박재동   15만 명입니다. 15만 명이 여기에 만화를 올려요. 일주일에 1,200개 정도 '도전 만화'가 올라온대요. 그러니까 제일 만화가를 할 만한 나라가 우리나라가 된 것이지요. 종이 만화 초강대국은 일본입니다. 일본하고 프랑스가 종이 만화로 유명하지요. 그런데 지금은 스마트폰 시대잖아요? 웹툰이 금방 세계로 퍼져 나가는 겁니다. 출판은 그렇게 되기 어려운 거지요. 일본이나 프랑스는 이제 막 웹툰을 시작하려고 하는데, 우리가 몇 년 앞서가게 된 것이지요.

박 화백님이 지금 준비하고 있는 카툰이 있습니까?

박재동   '반구대'라고, 울산에 암각화가 있어요. 7천 년 전에 고래잡이하던 이야기인데 누가 그걸 소설로 썼어요. 그걸 울산대학에서 산학 협력으로 연극과 뮤지컬로 만들었는데, 만화도 한번 끼어서 해 보자고 해서 카툰으로 그리기로 했어요. 웹툰의 정글에 15만 명이나 몰리는데, 옛날 시사만화를 했던 사람으로서 새로운 도전, 만만치 않은 도전을 하는 겁니다.

지하철 칸이 교실인
'메트로 시민 대학' 세워야

열차를 타고 가면서 만화를 배우고 즐기는 '만화 학교'도 진행했었지요?

박재동   지난해 부천만화축제 때, '만화 열차'를 만들었지요. 코레일하고 부천시하고 통한 겁니다. 코레일은 '만화 열차'를 하면 손님들이 많이 타니까 좋은 거지요. 지난해에는 열차 하나를 특별히 '특설 열차'라고 이름 붙여서 운행했어요. 열차 타고 가면서 승객들하고 만화가들이 코스프레도 하고, 만화가 사인회도 하고, 캐리커처 그려 주는 것도 하고, 만화에 대한 토크도 하고. 이제 이런 것들이 점점 늘어나는 추세입니다. 올해는 한 번 운행하고 끝내는 거 말고 뺑뺑 도는 걸로 할 예정입니다. 열차가 한 번 돌고 다시 또 돌면, 애들이 타려고 계속 기다릴 거 아닙니까? 몇 시간이고 운행하는 만화 열차인 셈이지요. 그럼 손님들도 더 많아질 거고요. 코레일에서 이 아이디어를 듣고는 너무 좋아하더라고요. 앞서 말한 학교도 마찬가지입니다. 지하철 한 칸 빌려서 그걸 교실로 써도 되는 거지요. 몇백 원 요금 내고 타면 하루 종일 타고 가면서 하고 싶은 공부하고 강의도 듣고요. 탔다가 배고프면 내려서 밥 먹고 또 타고요.

'메트로 대학'이군요. 이 학교에서는 5분 안에 강의를 끝내야겠습니다. 이 정거장에서 저 정거장까지 가는 그 시간 안에 모든 설명을 다 끝내야 하니까. (웃음)

박재동   아니면, 하루 종일 한 칸에서 계속 강의를 하는 겁니다. 그러면 내리라고 할 수도 없잖아요? (웃음)

저희 서울시평생교육진흥원의 슬로건을 "서울은 학교다"로 잡았습니다. 서울 전체가 다 학교라는 거죠. 사실 지붕 없는 학교입니다. 박 화백님이 말씀해 주신 메트로도 여기에 해당하는 거고. 누구나 선생을 할 수도 있고요.

알파고와 시사만화 대결서 신승,
"오늘 같은 날은 신문을 던지자."

얼마 전에 인터넷에 '박재동과 알파고의 시사만화 대결'이라는 글을 올리셨습니다. 어떤 내용인가요?

박재동   아직 아이디어 수준인데 대강 이런 내용입니다. 이제는 알파고가 생각하는 거나 사람이 생각하는 거나 별 다름없는 세상 아닙니까? 사람의 경우도 천재적인 뭐가 갑자기 탁 나오는 게 아니라 생각을 이렇게 저렇게 계속해 보는 과정에서 무언가 나오는 거지요. 나중엔 궁리하는 패턴이 생기고요. 자료를 가지고 생각을 계속해 보다가 그중에 하나를 선택하는 겁니다. 이렇게 보면 특별한 능력이 아니라 노가다인 거지요. 그러다 보니 '알파고랑 인간이 만화를 가지고 시합을 한번 하면 어떨까?' 하는 데로 생각이 미쳤어요. 그런데 만화의 끝은 내가 어렵게 이기는 걸로 했습니다. 제가 알파고는 전혀 생각지도 못할 엉뚱한 수를 놓았거든요.

어떻게?

박재동   지난번 이세돌하고 대결하는 걸 보면 알파고가 아주 잘하잖아요? 왜냐하면 알파고는 우리나라 정서까지 다 알고, 사람들보다 TV, 드라마, 영화, 노래 이런 정보들을 더 많이 입력하고 있어요. 세계의 시사만화 정보도 나보다 백배, 천배 더 많이 입력해 놓고 있다고 봐야지요. 게다가 그림도 만만치 않게 잘 그립니다. 캐릭터도, 그림체도, 좋은 거 다 조합해서 딱 만드는 거니까요. 근데 내가 어떻게 이겼냐 하면, 겨울이 시작될 때 내가 그림 하나를 탁 냈습니다. 알파고는 시사만화를 잘 그려서 냈는데, 나는 "산새 울음, 하얀 눈, 오늘 여기 내린 눈을 독자들에게 드리고 싶다." 이걸 풍경화로 그린 겁니다. 이건 알파고가 전혀 생각할 수 없는 거지요. 시사가 아니거든요. 그걸로 내가 겨우 이긴 걸로 했어요. (웃음)

옛날 「한겨레 그림판」 시절에 박 화백님이 신년 초나 추석 전날이 되면 전혀 다른 아주 서정적인 만평을 그려 냈어요. 매일 사회 비평만 하다가 연하장 그림을 그린 것이지요. 거기에 착안한 것이군요.

박재동   「한겨레 그림판」 그릴 당시 어떤 날, 가을날 날씨가 너무 좋은 겁니다. 그래서 그날 신문을 탁 던지는 그림을 그렸어요. 그리고 밑에 쓴 글이 이겁니다.

   "오늘 같은 날은 신문을 던지자."

신문에다가요?

박재동   그랬어요. 그러니까 나는 알파고가 할 수 없는 걸 한 거지요. 그래서 겨우 신승을 거둔 겁니다.

마치 인기 연예인한테 두어 시간 홀린 기분입니다. (웃음) 오랜 시간 말씀 감사합니다.

홍세화

1947년 서울에서 태어나 경기중·고교를 졸업했다. 1966년 서울대 금속공학과에 입학했으나 이듬해 그만두고 1969년 서울대 외교학과에 재입학했다. 1972년 '민주수호선언문' 사건으로 제적되는 등 순탄치 않은 대학 생활 끝에 1977년 졸업했다. 1977~1979년 '민주투위', '남민전' 조직에 가담해 활동했다. 1979년 3월, 무역 회사 해외지사 근무 차 유럽에 갔다가 같은 해 10월에 터진 남민전 사건으로 귀국하지 못하고 파리에 정착했다. 1982년부터 20여 년 동안 파리에서 택시 운전 등 여러 직업에 종사하며 망명 생활을 했다. 2002년 영구 귀국 후 『한겨레』 기획위원으로 입사한 뒤 「왜냐면」 편집자로 활동하다 민노당에 입당했다. 2008년 진보신당 대표를 지냈으며, 현재 노동당 고문을 맡고 있다. 지금은 '가장자리'에서 공부를 하고, '장발장은행'에서 벌금을 빌려주고 있다. 저서로 『나는 빠리의 택시 운전사』, 『쎄느강은 좌우를 나누고, 한강은 남북을 가른다』, 『악역을 맡은 자의 슬픔』, 『빨간 신호등』, 『생각의 좌표』가 있고, 공저와 번역한 책도 많다.

공부,
평생을 두고
나를 짓는 일

홍세화　　공부,
：　　평생을 두고 나를 짓는 일

개똥 세 개

옛날에 서당 훈장이 삼 형제를 가르쳤다. 어느 날 훈장이 삼 형제에게 차례대로 장래 희망을 말해 보라고 했다. 맏형이 정승이 되고 싶다고 하니, 훈장이 흡족한 표정으로 "그럼 그렇지." 하고 고개를 끄덕였다. 둘째는 장군이 되고 싶다고 했다. 훈장은 역시 흡족한 표정을 지으며 "그럼 그렇지. 사내대장부는 포부가 커야지." 했다. 마지막으로 막내에게 물으니 막내는 장래 희망은 그만두고 개똥 세 개가 있었으면 좋겠다고 대답했다. 훈장이 뜻밖이란 듯이 "그건 왜?"라고 되물었다. 막내가 대답했다. "나보다도 글 읽기를 싫어하는 맏형이 정승이 되겠다고 큰소리를 치니 개똥 한 개를 먹이고 싶고, 또 나보다도 겁쟁이인 둘째 형이 장군이 되겠다고 우기니 개똥 한 개를 먹이고 싶고……." 여기까지 말한 막내가 우물쭈물하니 훈장이 버럭 소리를 질렀다. "그럼 마지막 한 개는?"

홍세화 선생께 생애 최초의 학습이 무엇이었는지 묻자 그는 머뭇거림 없이 어렸을 적 외할아버지로부터 들은 '개똥 세 개' 이야기를 꺼냈다. 외할아버지는 여기까지 이야기한 뒤 어린 세화에게 물었단다. 훈장이 물었을 때 막내가 뭐라 했겠냐고. 그가 "그거야 훈장 당신이 먹으라고 했겠지요. 맏형과 둘째 형의 그 엉터리 같은 말을 듣고 좋아했으니까요."라고 대답하자 외할아버지는 '맞다'고 했다. 그 뒤를 이어 외할아버지가 한 말을 그는 아직도 잊지 못한다.

"세 번째 개똥은 당연히 훈장 몫이지. 그런데 네가 앞으로 살아가면서 그 세 번째 개똥이 훈장 몫이라는 걸 알면서도 이야기하지 못한다면, 그 개똥은 네가 먹어야 한다."

그는 지금까지 자신의 삶을 한 마디로 요약하면 '어떻게 하면 세 번째 개똥을 덜 먹을까?' 하며 살아온 삶이라고 했다. 그러나 이야기는 여기서 끝나지 않는다. 오랜 망명 생활을 끝내고 귀국한 뒤 어느 순간 '나는 무슨 자격으로 내가 막내라고, 나와 막내를 동일시하고 있었을까?'라는 질문을 던지게 된다. 공부를 열심히 한 것도 아니고 겁도 많으면서, 어째서 첫째도, 둘째도 아닌 막내라고 생각하고 있었을까? 그는 거기에 충격을 받았고, 인생에는 끊임없는 성찰과 학습이 요청된다는 걸 깨달았다.

홍세화. 작지 않은 이름이다. 분단된 한국 사회를 고통 없이 살아온 많은 지식인들에게 성찰적 고통을 안겨 주는 큰 이름이다. 선생은 20대 초반, 금속공학을 전공하는 공대생에서 국제정치학을 공부하는 문리대생으로 변신하며 범상치 않은 인생의 첫 마디를 남겼다. 그 뒤 드라마보다 더 드라마틱한 생의 고비를 숱하게 넘기면서 현실의 자갈밭에 자신을 갈았다. 그가 지켜 내고 싶었던 건 큰 게 아니었다. 지식인의 '자유로운 정신'과 '맑은 영혼'이었다. 지켜 내려는 욕망이 강할수록 그가 헐벗은 채 마주한 생의 고비들은 70년 그의 삶에서 굵직한 마디들로 남았다. 이번 인터뷰의 주제를 '인생의 마디'로 잡은 뒤 곧바로 '홍세화'라는 이름이 떠오른 것도 이런 까닭이다.

인생의 세 마디

홍세화 인생의 첫 마디는 무엇일까요?

홍세화   많은 사람들이 비슷하겠지만 내 인생의 첫 번째 마디도 스무 살 때 선배를 잘못 만난 겁니다. 경기중·고를 거쳐 서울대 금속공학과에 입학할 때까지 저는 공부 잘하는 모범생이었지요. 그런데 스무 살 때 분단의 아픔을 자기 삶의 역사로 가진 독특한 이력의 선배를 만나게 됩니다. 황골이라는 제 고향 마을의 농부였는데, 인민군으로 반강제 차출되어 나갔다가 고향에 돌아와 보니 부모, 아내, 아들이 전부 죽었답니다. 부역자라며 죽임을 당한 거지요. 그런데도 그분은 마을을 떠나지 못하고 자기 가족을 죽인 가해자들과 함께 살고 있었습니다. 농부가 갈 데가 어디 있냐고, 그 넋들이라도 지키기 위해 여기 산다고 했어요. 그분을 만나고 세상을 보는 눈이 달라졌습니다. '반공'이라는 말도 의심하게 되었고, 학교 공부도 재미없어졌고요. 결국 제적까지 당했습니다.

두 번째 마디가 궁금해집니다.

홍세화   지극히 우연한 일이지만 취직한 회사에서 해외로 발령받은 일입니다. 11년 6개월 만에 대학을 졸업하고 1970년대에 '대봉'이라는 회사에 취직을 했지요. 당시 수출 드라이브 정책에 힘입어 취직 10개월 만에 해외 발령을 받았습니다. 1979년 3월, 독일로 갔고, 거기에서 한 달 반 정도 있다가 프랑스로 가게 됩니다. 같은 해 10월, 남민전(남조선민족해방전선) 사건이 터졌습니다. 아마 그때 국내에 있었더라면 제 유약한 심성으로는 못 견디고 무너졌을 겁니다. 학생 때 이미 짧게 서울 시경 대공분실 등에서 고문과 조사를 당해 봐서 그게 얼마나 힘든 일인지 알거든요. 남민전 사건 때문에 망명 생활을 하게되었지만, 국내에서 고초를 겪은 분들과는 비교도 안 됩니다. 그때 우연히 파리에 있었다는 게 제 인생을 바꾼 거지요.

마디마다 꽤 굵직합니다. 그다음은요?

홍세화   세 번째 마디는 귀국해서 진보신당에 들어간 것입니다. 2002년, 프랑스에서 한국으로 돌아온 뒤 『한겨레』 기자로 일하면서 민노당에 입당했어요. 2008년, 이 민노당이 분당이 되고 진보신당이 창당했습니다. 이후 2011년, 이듬해 있을 총선을 앞두고 민노당, 국민참여당, 진보신당에서 탈당한 일부인 새진보통합연대가 합당하여 통합진보당이 출범했지요. 이 시기입니다. 사람들이 선거를 평계로 이합집산하더니 당을 떠나 버렸고, 그래서 깜냥도 안되면서 1년간 진보신당 대표로 일하게 됩니다. 무척 힘들었지요. 우리나라 진보당의 역사성을 존중해야 한다고 생각해 나섰다가 정치의 관성과 나의 심성이 맞지 않다는 걸 알게 됐습니다. 하지만 지금도 노동당에 고문으로 있어요. "아직도 노동당원이세요?"라는 질문을 자주 받는데, 최고 형태의 정치 결사체인 정당에 대한 무례한 질문입니다. 저는 제가 있을 자리에 그대로 있는 건데 '아직', '지금도'라는 말을 들을 이유가 없지요. 노동당이 약하고 존재감이 없다고들 하지만 저는 오히려 그게 제 정체성에 들어맞는다고 생각합니다. 최저 임금 1만원, 노동 시간 단축을 통한 일자리 나누기, 기본 소득 도입 등의 정책이 현실을 바꿀 수 있다고 확신하고 있어요.

진보 진영,
지적·윤리적 우월감에 공부 안 해

홍세화   진보 정치인들은 말로는 노동자와 민중의 삶과 생존권을 이야기하잖아요? 그런데 그 노동자와 민중의 처지는 변하지 않았는데 항상 변하는 건 진보적 정치인들의 처지예요. 한국 사람들이 전체적으로 공부를 안 합니다. 일생에 딱 두 번 하지요. 입학시험 볼 때하고 취직할 때. 그리고 끝이에요. 그런데 진보 쪽에 속한 사람은 더 공부를 안 해요. "나는 의식이 깨었다."라는 지적 우월감과 "나는 자본주의에 포섭되지 않았다."라는 윤리적 우월감이 합쳐진 탓이지요. 굉장히 오만하고, 오만하다 보니 공부를 안 하는 겁니다. 이렇게 공부를 안 하면 진보 쪽의 경우 치명적이지요.

특히 진보 쪽이 치명적인 이유가 있나요?
홍세화   한국 사회의 모순은 복잡하게 뒤엉켜 있잖아요? 공부하지 않으면 해결할 수 없을 정도로 복잡합니다. 한국은 자본주의에 의한 계급 모순, 분단 상황에 의한 민족 모순, 영남 패권주의를 비롯한 지역 모순, 이번 강남역 살인 사건 같은 데서 볼 수 있는 젠더 모순, 미세 먼지 문제 등의 생태 모순까지 세계적으로도 유래가 없이 여러 모순이 복잡하게 얽혀 있어요. 이걸 인식의 총체성 측면에서 학습을 해야 제대로 볼 수 있습니다.

그런데 다들 오만해서 학습을 멈춰요. 얼마나 공부를 안 하면 이런 말이 나왔겠습니까? "대학 때 잘못 만난 선배의 정치적 성향에 따라 그 사람의 정치적 성향도 결정된다." 선배를 만난 그때 이후로 공부를 안 하는 거지요. 진보 진영 내에서의 헤게모니 다툼으로 외부의 적보다 내부의 적을 더 적대시하고, 자신의 전공 분야에 따라 모든 문제를 자기 전공에 맞춰 아전인수 격으로 해석하려 해요. 각자 성책을 쌓고 있는 거지요. 이러니 대중들의 동의를 이끌어 내기 힘들고, 그러니까 진보 진영이 지리멸렬해지는 겁니다.

홍세화 선생과의 인터뷰는 2016년 5월 24일 오후, 신촌 로터리 뒤쪽 골목의 허름한 건물 1층에 자리 잡은 '가장자리' 사무실에서 이루어졌다. 네댓 평이 채 안 되는 사무실 한쪽 벽은 어른 키 반쯤 높이의 책꽂이가 차지하고 있었는데, 알제리 민족 해방 운동가였던 프란츠 파농의 『대지에서 저주받은 자들』이나 C. 라이트 밀즈가 쓴 『들어라 양키들아』 같은 1970년대의 이념 서적들이 『냉전 이후』, 『반전의 시대』와 같은 최근의 책들과 함께 꽂혀 있는 게 이채로웠다.

'가장자리'에서 함께 공부하고
'장발장은행'에서 벌금 빌려주고

"사유와 실천의 거처"라는 우람한 슬로건을 내걸었는데, 이곳 '가장자리'는 무엇을
하는 곳인가요?

홍세화   일종의 학습 공동체입니다. 인간관계에서 중심 권력을 지양
하고, 생태에 있어 인간 중심을 지양해 가장자리에 있자는 의미에서
이름을 붙였습니다. 함께 공부하고 현장에도 함께 나가는데, 지금도
매달 한 권의 책을 함께 읽어요. 지난달에는 김기협의 『냉전 이후』를
읽었고, 이달에는 이병한의 『반전의 시대』를 읽을 예정입니다. 매월
셋째 주 토요일 저녁에 열 명쯤이 모여 책 읽는 이 모임이야말로 평
생학습 아니겠습니까? (웃음)

선생이 관여하는 단체에는 '가장자리' 외에 '장발장은행'이 있다. 『레미제라
블』의 장발장이 빵 사 먹을 돈이 없어 19년을 감옥에서 살아야만 했던 것처럼,
벌금이 없어 징역형을 살아야 할지도 모르는 사람들을 위해 벌금을 빌려주는
은행이다. 선생은 이 은행의 은행장이다. '가난이 형벌이 될 수는 없다'는 생각
에서 뜻있는 사람들이 지난해 2월 설립한 이 은행은, 지금까지 모두 23차례에
걸쳐 360명의 시민에게 6억 9천여만 원을 대출해 줬다. 이 은행의 대출은 어
떤 경우에도 신용 정보 조회 없이, 무담보, 무이자로 진행된다.

선생은 지금 한겨레문화센터에서 『르몽드』 강독 강좌를 맡고 있다. 기자가
되고자 하는 젊은이들과 함께 『르몽드』를 읽으며 세계를 보는 눈을 기르고 함

께 토론한다. 지난해에는 그래픽 노블 『파리 코뮌』을 번역하기도 했다.

잘못 쓰이고 있는 단어, '똘레랑스'와 '현실'

선생과 함께 프랑스에서 한국으로 건너온 말로 '똘레랑스'가 있다. 그는 20여 년 전에 펴낸 『나는 빠리의 택시 운전사』라는 책에서 엄청난 공력을 들여 이 말의 뜻과 용법, 이 말을 둘러싼 문화적 배경을 설명했다. 이 책이 베스트셀러가 되면서 자연스레 이 말이 퍼져 나갔고, 한때 '똘레랑스'는 지식인들, 특히 진보 쪽 지식인들의 화두가 되기도 했다. 한국어로 '관용'이라고 해석되는 '똘레랑스'는 나와 생각이 다르더라도 이를 받아들이자는 그의 가치관을 대변한다.

여전히 우리 사회에 '똘레랑스'가 필요합니까?

홍세화 　더욱더 필요합니다. 똘레랑스가 확립되기 위해선 오랜 세월이 필요한데 현재 우리나라 상황은 똘레랑스의 '확장'이 아니라 '위축'을 불러오고 있지요. 똘레랑스가 더더욱 절실한 상황입니다. 똘레랑스를 한국어로 '관용'이라고 해석하는데, 이보다는 '용인'에 가깝지 않나 싶어요. '관용'이라는 단어에는 위에서 아랫사람을 내려다보며 받아들이는 느낌이 있거든요. 똘레랑스는 그게 아니에요. 라틴어 '똘레라레(tolerare)'에서 유래되었는데, 그 뜻이 '참다'입니다. "차이를 참다, 다름을 용인하다."라는 말이지요. 그러니 '관용'보다는 '용인'으로 쓰는 게 맞을 듯합니다. 저는 똘레랑스를 한마디로 공자가 말한 군자의 도, 즉 '화이부동(和而不同)'이라고 생각합니다.

공자는 화이부동뿐 아니라 정치의 요체가 무엇이냐는 질문에 "정치란 사물의 이름을 정확하게 쓰는 것."이라고 했다. 그에 따른다면 '현실'만큼 우리나라에서 잘못 쓰이고 있는 단어는 없다.

홍세화　한국에선 '현실'이란 단어 자체가 지극히 억압적이에요. 토론하다가 "현실을 몰라." 하면 그 한마디로 토론이 마감됩니다. 운동이란 무브먼트(movement), 즉 움직임 아닙니까? 즉, "현실을 바꾸자, 현실을 움직이자."라는 말인데, 거기에 대고 "현실을 몰라." 해 버리면 할 수 있는 게 아무것도 없지요.

현실의 양극단에는 '어쩔 수 없이 받아들여야 하는 현실'과 '바꿔야 하는 현실'이 있습니다. 모든 현실은 이 양극단 사이의 어느 지점에 위치하고 있어요. 그런데 한국에서의 현실은 지나칠 정도로 '어쩔 수 없이 받아들여야 하는 것'으로 위치 지어져 있습니다. 그렇게 되면 진보는 설 자리가 없습니다. 정당과 언론, 시민들이 우경화되어 있는 게 바로 이 현실 논리와 결합되어 있기 때문입니다.

여든의 켄 로치도 하는데,
아직은 좀 더 일할 생각

올해 일흔입니다. 이제 좀 쉬어야겠다는 생각이 안 드십니까?

홍세화　더러 그런 생각이 들긴 하는데, 다른 선배들을 보면 그런 생각이 쏙 들어가요. 칸영화제에서 황금종려상을 받은 켄 로치 감독 같은 사람이지요.

올해 칸영화제에서 「나, 다니엘 블레이크」로 황금종려상을 수상한 켄 로치 감독은 수상 소감을 발표하는 자리에서 "이 영화는 힘 있는 자들에 맞서 싸우는 사람들의 연대를 표현한 작품이다. 우리가 사는 세계는 위험한 지경에 이르렀다. 우리를 파국으로 몰고 갔던 신자유주의에 의해 추동된 긴축 정책이라는 위험한 프로젝트에 우리는 사로잡혀 있다. 이는 수십억 명을 크나큰 고난에 빠지게 했고, 그리스에서 스페인에 이르는 수백만 명을 생존 투쟁으로 몰고 갔다. 반면, 극소수에게만 막대한 부를 가져다줬다. '가난은 너의 잘못'이라고 말하는 우리의 잔인함이 문제. 우리는 무엇이든 할 수 있으며, 다른 세계 또한 가능하다고 외쳐야 한다."라고 말했다.

선생은 "여든이 넘은 켄 로치도 아직 일하고 있는데, 10년 이상 젊은 내가 쉬면 뭐하겠습니까?"라고 되묻는다.

진보 진영에서 공부의 플랫폼을 만들기 위해 노력하고 있는 선생께 마지막으로 '공부란 무엇인가?'를 물었다.

홍세화　'짓다'라는 말은 '집을 짓다, 농사를 짓다, 옷을 짓다'처럼 의식주를 모두 아울러요. 세계적으로도 유일한 표현이 아닌가 싶은데, 그중에서도 나에게 가장 중요한 과제는 '나를 짓는다'는 것입니다. '나를 어떤 인간으로 짓는가'가 바로 공부라고 생각합니다. 자기 삶을 책임지는 자세로, 긴장을 유지하는 것이 공부이지요.

공부에서 가장 중요한 자세는 회의하는 자세예요. 한국 사람들이 고집이 센 이유는 생각해 본 적이 실제로 없기 때문입니다. 특히 학교교육에서 암기만 했지 생각을 하지 않습니다. 의식의 성질은 '고집'입니다. 생각이 본래 고집스러워요. 다만 문제는 회의 없는 고집이죠. 그러므로 확신의 함정에 빠지지 않도록 남의 생각을 듣고, 항상 회의해야 합니다.

김제동

1974년 경북 영천에서 1남 5녀 중 막내로 태어났다. 군대에서 졸병 생활을 하던 1994년, 우연한 기회에 문선대 사회자로 뽑혔는데, 상황적 즉흥성과 감칠맛 나는 애드리브로 장병들을 사로잡으면서 자신 안에 있던 잠재된 재능을 발견했다. 2002년 KBS 「윤도현의 러브 레터」를 통해 연예계에 정식으로 데뷔했다. 그 뒤 다양한 프로그램에서 특유의 입담으로 시청자들을 사로잡으며 '국민 MC'의 반열에 올랐다. 2009년 노무현 대통령 노제 사회 뒤 KBS 「스타 골든벨」에서 석연치 않은 이유로 하차했다. 최근까지 JTBC의 「김제동의 톡투유: 걱정 말아요, 그대」를 진행했으며, 1년에 몇 차례에 걸쳐 토크 콘서트 「김제동의 노브레이크」를 전국 순회공연 형식으로 이어 가고 있다. 현재 사단법인 김제동과 어깨동무(dongdong.com)의 이사장이다. 저서로 『김제동이 만나러 갑니다』, 『김제동이 어깨동무합니다』, 『그럴 때 있으시죠?』 등이 있다.

평생학습,
평생 자기로 살 수 있는
용기를 얻는 일

김제동　평생학습,
　　　　평생 자기로 살 수 있는 용기를 얻는 일

　　차로에서 서래마을 쪽 골목으로 접어들자 반대쪽에서 김제동이 약속
한 카페를 향해 걸어오고 있었다. 컬러 윤곽이 뚜렷한 흰색 면 셔츠와 짙
은 남색 계통의 청바지를 입은 그는 여기에 검은색 스니커즈를 신고 시
커먼 가죽 가방을 둘러메고 있었다. 스포츠머리를 한 채 골목길을 어슬
렁거리며 걸어오는 그의 행색은 서래마을 일대를 부유하는 고급 청년
실업자의 그것이었다. 이른 더위가 기승을 부리던 2016년 6월 16일 오
후 12시 30분, 김제동이 연예인으로 제법 이름을 떨친 이후 지금까지 살
고 있는 서울 방배동 서래마을의 한 카페에서 그를 만났다.

　　약속 시간을 한 시간이나 넘겨 가며 오후 2시 30분까지 이어진 인터
뷰에서 김제동은 '이미 짜여진 질서와 관습을 거부하는 양아치 기질과
반골 기질이 삶과 세상에 대한 내 태도를 만들었다'고 털어놓았다. 그에
게 평생학습에 대한 나름의 정의를 내려 달라는 주문을 하자 그는 자신
은 '교육'이라는 말을 싫어한다고 주저 없이 말하기도 했다. 이날 그는
인터뷰 팀을 관객 삼아 마치 토크 콘서트를 하듯, 세상과 사람에 대한 자
신의 견해를 거침없이 밝혔다.

말하는 사람과 듣는 사람의
경계를 지우고 싶다

JTBC에서 방영 중인 「김제동의 톡투유: 걱정 말아요, 그대」가 꽤 인기를 모으고 있습니다. 최근 어떤 인터뷰에서 "관객들의 이야기를 듣기 위해 아무 준비도 안 하는 게 준비"라고 했지요? 진짜 아무 준비도 하지 않나요?

<u>김제동</u>　그렇습니다. 아무 준비도 안 합니다. 미리 준비를 해서 내 안에 뭔가를 채워 놓으면 다른 사람의 생각을 받아들일 자리가 없어지니까요. 저는 '관객'이라는 표현에 거부감이 좀 있습니다. '관객'은 '지켜보는 사람, 균형을 잡고 보는 사람'이라는 의미가 있잖아요? 방송이든, 정치든, 행사든 어떤 장소에서도 사람들은 자신이 관객이나 방청객의 위치에 있는 게 당연하다고 생각해요. 강연이나 취임식에서는 말할 것도 없고요. 그런데 저는 듣는 사람과 말하는 사람의 경계가 뚜렷한 게 싫어요. 신영복 선생님도 말씀하셨다시피 우리나라는 가르치는 사람과 배우는 사람, 말하는 사람과 듣는 사람의 경계가 뚜렷하다 못해 아예 둘 사이에 높다란 장벽이 서 있어요.

　관객이라는 말에는 나 스스로가 무언가 부족하고, 모자라고, 배워야 하는 사람이라는 생각이 깔려 있습니다. 예를 들면 누가 정책을 발표할 때, 그 정책이라는 건 우리의 목소리를 모아서 만드는 건데, 발표하는 사람이 발표를 하고 우리는 그걸 받는, 마치 칙령을 받드는 사신의 모습을 하고 있잖아요? 이제는 저것이 우리의 목소리이고,

발표자는 우리 대신 말해 주는 사람이라는 걸 알 때가 되었다는 생각이지요. 무당이나 사제, 목사, 스님……, 이런 분들이 신의 목소리를 대신 들려주는 대변자나 권위자가 아니라 반대로 우리의 목소리를 신에게 전달해 주는 스피커일 뿐이잖아요?

「톡투유」를 진행하는 걸 가만히 보니까 툭하면 무대 밑으로 내려가던데요.

김제동   저는 청중이나 관객을 뭉뚱그려 보지 않습니다. 대신 한 분한 분의 개별성에 집중하지요. 방송하면서 "박수 부탁드립니다."라는 말도 안 해요. 그 얘기는 "야, 너희들 한꺼번에 박수 쳐!" 이런 말이거든요. 듣는 사람(관객)과 말하는 사람(사회자)이 역전되는 상황, 역전은 아니라도 최소한 균형을 맞추는 상황을 만들려고 노력하지요. 그래서 「톡투유」를 진행할 때 무대 밑으로 내려가는 겁니다. 사람들이 왜 자꾸 무대 밑으로 내려가냐고 물어요. 그러면 "여기가 바로무대니까."라고 대답합니다. 자리를 바꿔 보고 싶은 거지요.

마흔 넘어 깨달은
공부의 중독성

김제동은 첫 질문에서부터 '관객'이라는 단어에 딴지를 걸며 반골 기질을 드러내기 시작했다. 그는 이를 '양아치 기질'이라고 불렀다. '왜 모든 행사장에는 제일 앞자리에 귀빈석이 있지? 같은 손님이면서 왜 귀빈들이 오면 일제히

일어나 박수를 쳐야 하지? 국회 연설자는 왜 저렇게 높은 데서 연설을 하지? 회의한다면서 탁자는 왜 저렇게 넓은 거지? 왜 자꾸 커지려고 하는 거지?' 그는 끊임없이 물었다고 했다. 학생 때, 힘이 없을 때는 싫어도 묵묵히 따랐지만, 이제는 그런 것에 반기를 들고 스스로 무대 밑으로 내려간다는 것이다. "재미있고 좋으니까요."

「톡투유」를 진행할 때나 토크쇼 때 이야기하는 걸 보면 공부를 많이 한 것 같은데, 진짜 공부 많이 하나요?

<u>김제동</u>　'공부'요? 하하하. (이 대목에서 그는 치아를 모두 드러낸 채 이목구비를 동시에 움직이며 크게 웃었다.) 공부랄 게 뭐 있겠어요? 제가 4년 전에 그렇게 마셔 대던 술을 딱 끊고 아직도 담배는 무지 많이 피우는데 담배, 그거 공부해서 피우는 거 아니잖아요? 그저 관심 가는 게 있으면 공부하는데, 그럴 땐 공부도 재미있더라고요. 공부에 중독성이 있다는 걸 나이 마흔 넘어 요즘 처음으로 느끼고 있어요. 절에 가서 명상도 해 보고, 성당에서 피정도 해 보고, 교회 가서 묵상도 해 보고, 원불교 홍보 대사도 해 봤습니다. 이것도 일종의 공부인데요, 이게 다 재미있어서 한 거거든요. 관심이 가면 다 재미있어요. 나이 들어 공부하면 좋은 게, 시험을 안 쳐도 되고, 과목도 스스로 정할 수 있잖아요? 카지노에서 돈을 딸 수 없는 건 한 번도 우리가 패를 쥐지 못하니까 그런 거거든요. 나이 들어 하는 공부에서는 스스로가 패를 쥘수 있단 말이죠. 하기 싫으면 죽어도, 아니 패를 내려놔도 되고요. 게다가 요즘은 네이버, 구글 등 지식에 대한 접근성이 얼마나 좋아졌나

요? 유명 대학 강의도 전부 유튜브 같은 걸 통해 볼 수 있잖아요? 이제 머리 좋은 사람이 성공하는 시대는 끝났다고 봅니다. 지식은 머리 좋은 사람들이 다 만들어 놓고, 우리는 그걸 다 볼 수 있는 시대가 온 거지요. 사관들이 쓴 왕조 실록을 백성들이 볼 수 있는 시대가 온 겁니다.

來(올 래) 자를 보며 울다

요즘은 어떤 공부에 중독됐나요? (웃음)

김제동 　한자 공부에 푹 빠져 있는데, 이게 보통 재미있는 게 아니에요. 지금까지 50글자쯤 배웠어요. 원시인 그림에서 시작한 한자를 들여다보면서 공부하고 있는데, 민족의 개념이 없을 때 동북아시아의 원시인들이 동굴에 그렸던 벽화로부터 한자가 시작되었다고 하잖아요? 그런 의미에서 한자는 인류 공통의 유산이라고 봐야 합니다. 해를 보고 동그란 빛 안에 뭔가 흑점 같은 게 보여서 점을 찍은 게 바로 '日(날 일)' 자가 되었고요, 나무 뒤편으로 해가 떠오르는 모습을 보면서 '木(나무 목)'에 '日'을 걸어 놓은 게 '東(동녘 동)' 자가 되었거든요. 저는 '來(올 래)' 자를 보고 한참 울었어요. '나무[木]' 사이로 '사람[人]' 두 명이 걸어오는 형상이잖아요? 내 처지가 힘들고 외로워서 그런지 나 혼자 숲속에서 고립되어 울고 있을 때, 저 나무 사이로 사람이, 그것도 한 명이 아니고 둘이나 나에게 걸어온다 생각하니 그 안정감이나 위로는 말로 다 할 수 없는 것이지요. 글자에서 막 원근 감이 느껴지더라고요. 어릴 때 밖에 나가 일하고 들어오는 어머니를 보는 느낌이었습니다.

참 독특하고 흥미로운 한자 공부법이네요.

김제동 　‘권력(權力)’의 ‘權’ 자 같은 경우도 ‘雚(부엉이 환)’에 ‘木’이 붙은 글자예요. 부엉이는 어둠 속에서도 두 눈을 동그랗게 뜨고 균형 을 잡는 새 아닌가요. 그래서 서양에서는 지혜의 상징이었고요. ‘권 력’ 할 때 ‘권’ 자는 ‘저울추’라는 뜻이 있는데, 바로 “깜깜하고 어두 운 곳에서도 누구 하나 억울한 사람 없도록 균형을 잡는 도구를 들고 서 있다.”라는 뜻입니다. 권력이란 누가 잡고 휘두르는 게 아니라 균 형을 잡도록 가만히 들고 있는 것이라는 뜻이지요.

　‘특권(特權)’ 할 때 ‘特’ 자도 우두머리 ‘소[牛]’에 오래 지키고 있 을 ‘寺(사)’가 붙어 있는 글자입니다. 어떤 우두머리가 무리를 보호 하기 위해 언덕에 서 있는 모습을 형상화한 거지요. 자기 무리를 보 호하려니까 무리들이 언덕 위의 자리를 내주는 겁니다. 높은 데 가야 지킬 수 있으니까. 지키다 보니 높은 자리에 있게 되는 거지, 높은 자 리에 올라가려고 아등바등 기를 쓰는 게 아니라는 말이지요. ‘특권’ 이라는 말도 이렇게 한자 뜻으로 풀어 보면 우리가 알고 있는 것과 정반대입니다. 이렇게 한자를 공부하다 보니까 한자에도 김제동이처 럼 양아치 기질이 있다는 걸 발견하게 됐습니다. (웃음)

누구도 자기를 희생해
남을 도울 필요 없다

김제동 씨가 존경하는 신영복 선생님은 작고하시기 전 『다들』 창간호를 통한 마지막 인터뷰에서 "친구가 되지 않는 사람은 스승이 될 수 없고, 스승이 될 수 없는 사람은 친구가 되지 못한다."라고 하셨습니다. 요즘 김제동 씨에게 친구이자 스승은 누구인가요?

김제동　손발이 오그라드는 대답일지도 모르지만 (웃음) 그냥 '사람들'이라고 대답하고 싶습니다. 「톡투유」를 하면서 만나는 사람들, 토크 콘서트를 하면서 만나는 사람들, 우리 집 앞 동네 골목에서 만나는 꼬마들. 그런 사람들을 만나다 보면 섣부른 충고가 얼마나 쓸데없는지 알 수 있어요. 그 사람들이 죄다 저의 스승이자 친구입니다.

신영복 선생님은 평생교육을 "먼 길을 함께 가는 아름다운 동행"이라고 정의하셨는데, 김제동 씨는 평생교육을 뭐라고 말할까요?

김제동　제가 사실 '교육'이라는 말을 싫어합니다. 그걸 논외로 치고 굳이 얘기하자면 '평생 양아치로 살 수 있는 용기를 습득하는 일'이라고 생각합니다. 이는 곧 기존의 것, 기성의 질서나 관행에 포섭되지 않고 겉돌 수 있는 용기이기도 하고, 자기로 살 수 있는 용기이기도 하고요. 윤동주 시인의 시 중에 이런 구절이 있어요. "나는 나에게 작은 손을 내밀어 / 눈물과 위안으로 잡는 최초의 악수"(「쉽게 씌여진 시」에서) 이게 바로 자신과 친해지는 일, 내 안의 진짜 나를 안아 주는 과정이 아닐까 생각합니다. 제가 지금 이사장으로 있는 '사단법인 김제동과 어깨동무'에서 무료 강연을 60회 정도 하고 있어요. 대기업 초청 강연을 하면 돈을 무지 많이 받지만 가끔은 돈으로 환산되지 않는 일을 하면서 나의 가치를 확인하곤 합니다. 사람들은 내가 무료 강연을 하면 칭찬하지만, 실은 내가 돈 받고 강연하는 게 불편해서 하는 거예요.

결국 좋은 일도 자기 편하자고 한다는 말로 들리네요?

김제동   세상 누구도 자기를 희생해 가면서 남을 도울 필요는 없다는 게 제 생각이에요. 자기를 잘 보살펴야 공감도 할 수 있는 거고, 남을 도울 수도 있는 것이지요. 모든 일에 공감해야 한다는 강박 관념도 떨칠 필요가 있고요. 그런데도 제가 세월호 이야기를 하고, 집회에 참석해 "(세월호로 숨진) 애들이 국가다, 개새끼들아!" 같은 무지막지한 말을 하는 건, 내가 악몽에 시달리지 않기 위해서입니다. 저는 죽어서 하늘나라 가면 개들(세월호 아이들) 만날 것 같아요. 내가 아무것도 하지 않으면 그때 개들 얼굴을 어떻게 보겠어요? 그래서 그렇게 무지막지하게 나오는 겁니다. 찜찜하기 싫어서요. 어찌 보면 저는 극단적 이기주의자라고 볼 수 있겠지요.

    트라우마라는 건 외부의 충격으로부터 비롯되기 때문에 외부의 문제를 해결해야 치유가 시작됩니다. 그런데 세월호의 경우, 외부 문제가 아무것도 해결이 안 됐잖습니까? 그러니 대통령더러 사과하라는 것이고, 재발 방지 대책을 내놓으라는 겁니다. 대통령이 미워서 그러는 게 아니라 외부의 문제를 해결해 달라는 거지요. 물론 세월호 지겹다고 하시는 분들의 사정도 이해 못 하는 바는 아닙니다. 분명 개개인의 사정들이 있을 거라고 생각해요. 저는 요즘 남의 인생에 관여하고 싶지 않고, 공감 못 하겠다는 사람까지 신경 쓰기 싫습니다. 꼰대처럼 같이하자고 강요하고 싶지도 않고요. 그냥 내가 할 일만 하자, 내가 싸울 일 있으면 싸우고, 내가 잘하자, 그러면서 살아가고 있습니다.

이 대목에 와서 김제동은 지쳐 보였다. 늘 마이크를 들고 많은 말을 하지만 '말하지 않을 자유'를 갈구하고 있는 듯 보였다. 자신이 한 말에 대한 비난에 "내가 선생님도 아니고 구도자도 아닌데 왜 나에게?"라며 억울하기도 했다. 공감하지 못하는 사람들은 자기 생이 힘들어 그러는 것이니 놔두라는 말도 덧붙였다. 화제를 바꿀 때가 되었다.

내 친구이자 스승,
'사람들'

「톡투유」를 진행하는 최근까지도 토크 콘서트를 계속했지요?

김제동   작년 12월부터 올 4월까지 다섯 달 정도 했습니다. 전국 열여섯 개 도시에서 했는데, 서울에서 한 열 차례를 포함해서 모두 마흔 번쯤 했어요.

'사람들'이 친구이자 스승이라고 했는데, 콘서트 할 때마다 '사람들'한테 많이 배우나요?

김제동   그럼요. 아마 제가 지금까지 콘서트를 단일 공연으로 한 300회 정도 했을 겁니다. 그럴 때마다 배웁니다. 며칠 전에 이 근처 서래마을 골목에서 여학생 한 명이 펑펑 울면서 지나가더라고요. 여기 오래 살아서 동네 애들을 대강 다 아는데, 사실 연예인 되면 그런 건 좋아요. 그렇게 울고 지나가는 애를 모르는 사람이 달래기는 좀 그렇잖아요? 오히려 무서워할 수도 있고요. 근데 저 같은 연예인은 쉽게 접근이 되거든요. "얘야, 무슨 일 있었니? 누가 때렸어?" 그렇게 물으니까, 남자 친구랑 금방 헤어졌다는 거예요. 전화로 헤어진 것 같아요. 그래서 "얘야, 잠깐 여기 앉자." 해 놓고 무슨 말을 하려니까 이런 말이 목에까지 차 오르는 거예요. "너만 할 때 다 한번씩 겪는 일이란다. 이런 슬픈 일도 다 지나가는 것이거든." 어쩌고 하는 그런 말 말이에요. 이 말을 꾹 누르고 "그래, 울 만하다. 울어야 되겠다." 하면서 계속 같이 앉아서 울음이 그칠 때까지 기다렸지요. 다 지나간다 어쩌고 하는 말도 사실 웃기는 말이거든요. 걔한테는 지금 안 지나가는데요. 그런데다 걔는 그만할 때가 처음이잖아요? 그런데도 자꾸 "너만 할 때는 다 그런다." 하면 완전 열받는 거지요. 상처가 지나가 본 적이 없는 애니까요. 그렇게 한참을 같이 있으니까 "학원 가야 돼요." 하기에 "잘 가라." 하면서 보냈지요. 이런 친구들이 저한테는 아주 좋은 스승입니다. 쓸데없는 말 닥치게 해 주고, 섣부른 충고 같은 거 안 하게 해 주고요.

그 소녀가 스승이라면 신영복 선생님은 친구였겠네요? (웃음)

김제동   그럼요. 아주 좋은 친구셨지요. 돌아가신 뒤에도 선생님 책
은 계속 읽고 있는데, 사실 선생님은 늘 담배 친구셨거든요. 저 만나
면 "제동 씨, 담배 피우세요, 뭐 어때요?" 하셨지요.

실제로 신 선생님과 맞담배를 피우기도 했지요?

김제동   그럼요. 주변에서는 다들 패륜이라고 했을 거예요. 저랑 성
공회대 김창남 선생님, 이렇게 계속 맞담배 태우고……. 근데 그걸 너
무 자연스럽게 받아 주셨는데, 지금 생각해 보면 진짜 진정한 친구이
자 스승이셨다는 생각입니다.

새벽까지 그렇게 무지막지하게 마셨던 술을 끊었다는 게 잘 이해가 안 되네요. 저
는 정반대예요. 술도 좀 마시고 담배도 많이 피웠는데, 어느 날 둘 가운데 하나를
선택해야 할 것 같더라고요. 그래서 담배를 딱 끊어 버렸지. 근데 지금도 담배 생
각이 나요. 특히 비라도 한 자락 추적추적 내리면. 제동 씨는 술 마시고 싶으면 어
떻게 하나요?

김제동   끊은 건 아니고요, 조금씩, 소주 한두 잔씩, 일 년에 서너 번
마십니다. 마시고 싶으면 마음껏 마시려고 하는데, 술한테 하도 데였
는지, 스스로 절제하게 되네요. 지금도 맘만 먹으면 낮술도 왕창 할
수 있는데, 별로 내키질 않아요. 그런데 원장님이 담배 생각하시는 것

처럼, 비가 오는 날 밤, 빗소리 들으면서 소주 반 병쯤 맛있게 마십니다. 역시 비 올 때 담배 피우면, 연기 쫙 깔리고 죽여주지요. (웃음)

1시간 넘게 인터뷰에 열중하던 그에게 담배 얘기를 꺼낸 게 잘못이었다. 그는 담배 얘기가 나오니 못 참겠다며 "잠깐 인터뷰 중단하고 한 대 맛있게 태우고 오겠다."라는 말을 남기고 쏜살같이 카페 밖으로 사라진다.

평생교육,
자기로 살 수 있는 용기를 일깨워 주는 것

온몸에 진한 담배 냄새를 품고 온 그에게 물었다.

소설가 황석영 씨가 중·고교 시절에 어머님이 이렇게 말씀하셨다고 합니다. 하라는 공부는 하지 않고 친구들 연애편지를 대필하거나 밤새 소설을 습작하는 아들이 걱정이 된 모양이지요. "수영아(황석영의 본명), 소설가는 제 인생을 남한테 내주는 무당 같은 거란다. 자기 자신의 인생을 살기 힘든 게 소설가이니 잘 생각해 보거라."라고요. 김제동 씨 같은 방송인도 자기 인생, 자기 영혼을 내주는 사람인 셈인데, 자기 인생은 어떻게 되나요?

<u>김제동</u>　저는 제 인생을 남들한테 내줄 생각이 전혀 없습니다. (웃음) 앞서 말씀 드렸지만 평생교육에서 '교육'이란 말에 대해 양아치 입장에서 (웃음) 별로 좋지 않게 생각하는데, 굳이 평생교육에 대해 말하

라고 하면 '평생 양아치로 살 수 있는 용기를 북돋아 주는 일'이면서 '남들이 만들어 놓은 틀이 아니라 자기로 살 수 있는 용기를 일깨워 주는 일'이라고 하고 싶습니다. 내가 나에게 손을 내밀어 잡는 최초의 악수, 혹은 자기 안으로 들어가서 진짜 자기를 안는 과정, 제가 생각하는 평생교육은 이런 겁니다.

굉장히 많은 사람들을 상대하면서 이분들하고 얘기하고 듣는 게 보통 피곤한 일이 아닐 텐데, 피곤함 같은 걸 느낀 적은 없나요?

김제동   왜 안 느끼겠습니까? 무지 피곤하지요. 그럴 때는 집에 팍 틀어박힙니다. 무당들이 왜 모두 외딴집에서 혼자 사는지 모르시지요? 신분상의 문제도 있었겠지만 다른 사람의 말을 듣고 대신 얘기해 준다는 게 엄청 힘들기 때문이에요. 짐승들도 자신만의 공간이 확보되지 않으면 번식기를 조절해요. 그때는 번식을 하지 않습니다. 이거, 우리나라 저출산 문제랑 충분히 연결할 수 있어요. 아이가 태어날 때 안전하다는 생각이 들지 않으면, 본능적으로 임신을 하지 않습니다. 자기 혼자만의 공간, 숨 쉴 수 있는 공간을 확보해 주어야 합니다. 나와 내가 아닌 것의 경계를 확인할 수 있도록 해야 합니다. 그래야 '우리'가 될 수 있거든요. 요즘 보면, '우리'라고 하면서 전부 다 통쳐 가지고, 각각의 개별성을 전부 무시한 채 굉장히 폭력적으로 우격다짐 식의 '우리'를 만들어 가지 않습니까? 이러면 자기도 죽고, 우리도 죽는 길이지요. 사람들하고 이야기를 한다는 건 우리를 확인하는 게 아니고, 각각의 개별성을 확인하는 과정입니다. 모든 고통은, 기쁨은,

사랑은, 죄다 개별적이다, 모든 생각도 마찬가지다, 이런 점들을 확인해 주어야 역설적으로 동행이 가능하고 '우리'가 될 수 있는 거라고 봐요. 도로를 보세요. 4차선, 8차선, 16차선일수록 가장 명확해야 할게 중앙선이거든요. 차선을 바꿀 때는 반드시 깜빡이를 켜 줘야 해요. 모든 차들이 특별 차량이 되려는 순간, 특별한 일이 없는데도 특권을 행사하는 순간, 모든 차가 한 방향으로 가야 한다고 말하는 순간, 그것만큼 혼란스럽고 고통스러운 순간이 없지요.

인기 연예인이다 보니 사람들의 칭찬이나 비난이 여간 신경 쓰이지 않을 텐데요?

<u>김제동</u>   물론 칭찬이나 비난이 신경 쓰이긴 하지요. 하지만 예전만큼 그런 데 매여 있지는 않습니다. 누가 나 비난하면 그냥 "저놈 마음에 안 들어." 해 버리고 말고, 또 누가 칭찬하면 "오늘 쟤 기분 좋은가 보다." 그러고 말지요. 사실 가장 기분 좋은 말이 "저놈, 정치 성향은 참 마음에 안 드는데, 애는 참 괜찮은 거 같네."라는 말입니다. 보통 칭찬하거나 열광적으로 환호하는 사람들이 훨씬 더 큰 비난으로 돌아설 확률이 굉장히 높아요. 지금 저를 욕하고 칭찬하는 걸 보면 5 대 5 정도 되는데, 어느 쪽이 더 무섭냐 하면 극렬히 칭찬하는 분들이 더 고마우면서도 더 무서워요. 열렬히 좋아하다가 돌아서면 훨씬 더 무섭거든요. 다행히 저를 열렬히 싫어하는 '분'은 많지 않습니다. 열렬히 싫어하는 '집단'은 더러 있지만. (웃음)

김제동은 엄마하고 싸운 뒤 반 년째 연락을 안 하고 있다고 했다. 그는 "방송이나 토크 콘서트를 하면서 다른 가족들 얘기는 잘 들으면서 우리 가족의 얘기, 엄마와 누나 얘기는 안 듣는 너는 어떤 놈이냐?"라고 묻는다면 '할 말이 없다.'라고 생각한 적이 있었다고 한다. 그런데 지금은 다르단다. 나도 내 인생이 있다는 각성 때문이다.

김제동   엄마하고도 마음속으로 결정지었어요. 지금 돌아가셔도 호상이라고요. (웃음) 다른 사람이 들으면 패륜에 가깝겠지만, 마흔셋 넘기고 처음으로 엄마한테서 육체적, 정신적으로 독립을 하고 있다는 생각을 합니다. 엄마하고 통화하다가 장가 안 가냐면서 "아이고 내가 죽어야지." 하면 그냥 전화를 딱 끊어 버려요. 그러고는 "예, 돌아가세요. 오래 사셨어요. 여든넷인데요. 뭐, 괜찮아요." 이럽니다. 그런데 안 돌아가세요. 카드값 영수증 계속 날아옵니다. 휴대폰에서 딩동딩동 하면서 화장품이며 뭐며 카드 결제 알림이 끊이지 않아요. (웃음)

인터뷰 시간이 길어지자 자리를 함께한 매니저가 다음 스케줄을 환기하면서 마무리를 독촉한다. 그와의 인터뷰는 결국 2시간 동안 진행됐고, 오후 2시 30분에 끝났다.

『다들』 인터뷰 팀을 상대로 한 김제동의 토크 콘서트 노브레이크 잘 들었습니다. (웃음) 여기 스케치북에 김제동이 생각하는 평생학습에 대해 한 구절 써 주시지요.

매직펜을 손에 쥔 그가 곧바로 스케치북에 문구를 써 내려갔다. 마치 오랫동안 평생학습에 대해 생각해 온 것처럼.

"내가 나와 친해지는 일, 내가 나와 싸우는 것을 피하는 일,
내가 나와 소개팅하는 일, 내가 나를 알아 가는 일,
내가 나를 안아 가는 일, 그렇게 나와 내가 평생 투닥투닥……."
─세상 모든 나에게, 김제동 두 손 모음.

채현국

1935년 대구에서 태어났다. 1956년 서울사대부고를 졸업하고 그해에 서울대 문리대 철학과에 입학했다. 1961년 중앙방송(현 KBS)에 연출 1기로 입사했다 정권 홍보 역할에 환멸을 느껴 입사한 지 3개월 만에 첫 직장을 때려치웠다. 이듬해인 1962년부터 흥국탄광의 설립자인 아버지 채기엽의 탄광 사업을 돕기 시작해 흥국조선과 흥국흥산, 흥국해운, 흥국화학 등으로 사업을 확장해 사업가로 크게 성공했다. 1965년 계간 『창작과비평』의 창간과 이후 운영에 도움을 주었고, 언론인과 문인을 비롯해 독재 정권에 항거하던 민주 인사를 뒤에서 돕는 등 민주화 운동의 숨은 지원자로 활동했다. 1973년 탄광 산업의 절정기에 흥국탄광을 정리하고 모든 재산을 직원들에게 분배한 뒤 사업가로서의 활동을 마무리했다. 1988년 효암학원 이사장으로 취임해 지금까지 경남 양산의 효암고등학교와 개운중학교를 뒤에서 돌보고 있다. 그를 아는 사람들은 그를 '당대의 기인', '가두의 철학자'로 부른다. 한 언론인 출신 작가가 그를 인터뷰한 뒤 2015년 펴낸 책에는 『풍운아 채현국』이라는 제목이 달려 있다.

교육?
얼다 대고 건방지게
가르치고 키우려 드나?

채현국   교육?
:   얻다 대고 건방지게 가르치고 키우려 드나?

　효암학원 채현국 이사장은 「노인들이 저 모양이라는 걸 잘 봐 두어라」라는 강렬한 제목의 인터뷰로 하루아침에 유명해졌다. 2014년 초 『한겨레』에 실린 이 인터뷰 기사에서 그는 "지금 노력하지 않으면 너희들도 저 꼴이 된다."라면서 우리 사회 노인들을 질타했다. 기사는 SNS를 통해 삽시간에 퍼졌다. 이를 접한 젊은이들은 "어른다운 어른이 없는 시대에 진짜 어른이 나타났다."라며 열광했다. 전국의 젊은이들이 채 선생을 만나기 원했고, 강연과 인터뷰 요청이 잇따랐다. 그럼에도 그는 평생 그래 왔던 것처럼 되도록 앞에 나서려 하지 않았다. 『다들』 역시 그런 채현국 선생을 모시기 위해 삼고초려해야 했다.

　선생은 서울 정릉의 집과 경남 양산의 학교를 오가며 지낸다. 마침 선생이 병원에 가기 위해 서울에 올라온 2016년 7월 15일, 어렵사리 서울시평생교육진흥원으로 그를 모셨다. 건강이 좋지 않다는 얘기와는 달리 배낭을 둘러멘 채 지팡이를 짚고 사무실로 들어오는 선생에게선 특유의 소년적 활기가 물씬 풍겼다. '생각'에 관한 자신의 생각을 이야기하는 것으로 인터뷰를 시작한 그는 1시간 내내 피곤한 기색 없이 특유의 거침없는 말투로 대답을 이어 갔다.

내 생각은 없다,
남의 생각을 내 것이라 착각할 뿐

채현국   말은 내가 만든 말이 별로 없습니다. 남이 만든 말 가지고 우리가 따라가는 겁니다. 따라서 내 생각이라고 알고, 내 말이라고 생각하고 사는데 사실은 남들이 훈련시키고 길들인 대로 따라가는 겁니다. 그 남이 누구냐, 힘이 있는 자입니다. 이긴 자입니다. 지배하는 자입니다. 권력이든, 돈이든, 지식이든, 명망이든 다 똑같습니다. 우리가 지식은 돈이나 권력이 아닌 것처럼 살짝 면하려고 하지만, 돈 있으면 권력 되고, 권력이 명망이 되고, 명망 있으면 그 사람이 하는 말이 지식이 됩니다. 지식도 똑같습니다.

     인간들은 기억된 걸 아는 거라고 착각합니다. 제가 배우 하려고 철학과에 들어갔는데, 한 학기 내내 교수들이 "누가 뭐라고 했다.", "누구는 뭐라고 했다."라며 가르치는 거예요. 이게 무슨 생각입니까? 전부 기억한 걸 가지고, 심지어 답까지 외워서는 그걸 아는 거라고, 이런 걸 철학이라고 착각하는 겁니다.

     선생은 1956년 서울대 철학과에 입학했다. 배우가 되고 싶어서였다. 국문과나 독문과 같은 곳으로 가면 배우 대신 각본 쓰는 쪽으로 갈 것 같아 가장 공부하지 않아도 될 것 같은 철학과에 입학했다고 한다. 초등학교 시절부터 연극을 좋아해 담임 선생이 쓴 「유리 태자」에 주인공으로 출연한 적도 있고, 대구

피난 학교 시절에는 「에트세트라(etc)」에 출연하기도 했다. 피난학교 시절 함께 연극을 하던 친구의 소개로 대학에 들어가 배우 이순재와 만났고, 셋이 함께 돈을 꿔다가 짜장면을 사 먹으면서 연극을 했다. 그 짜장면값 내준 사람이 궁내부대신 이완용의 증손자였다고 한다.

『한겨레』 인터뷰로 유명해졌는데, 뭐가 제일 불편하셨습니까?

채현국　안도현이 시나 쓰는 줄 알았지 그런 글을 쓴 줄 몰랐어. (『한겨레』 토요판 인터뷰 「이진순의 열림」 기사를 시인 안도현이 SNS에서 언급하면서 기사가 일파만파 퍼져 나갔다.) 인기인들이 인기인이 되고 나면 우울증 걸리는 법칙을 내가 잘 알거든. 배우 지망생이니까. 다른 사람들은 재미로 하는 수작인데, 거기에 놀아났다가는 바보가 되는 게 아니라 바로 우울증 환자가 돼요. 남들이 조금이라도 덜 알아주면 괜히 헛헛해져 가지고……. 나이 들면 그 증상이 더 심해지고. 그래서 나는 그것에 올라타지 않아요. 내가 우연히 6·25 사변 중에 배우 최은희네 본가 식구 옆방에 좀 살았어. 최은희가 6·25 전에 결혼했던 남편과 함께 살았는데…… 그때 그런 걸 죄다 들었지. 그게 다 쓸데없는 일이거든.

　이렇게 시작된 이야기는 수업을 빼먹고 영화 보러 갔던 이야기, 그 길이 시구문 밖이었다는 이야기, 시구문 밖에는 상두꾼, 유모, 무당, 침모 등 천민이 살았다는 이야기, 송장은 혜화문이 아니라 시구문 밖으로 나가 동대문—신설동을 지나 아리랑 고개로 넘어갔다는 이야기, 아리랑 고개는 아리령 고개의 음운 변화에 지나지 않는다는 이야기에까지 이어졌다. 마치 구비 문학을 듣고 있는 기분이었다. 이야기는 술술술 어느새 우리나라 국호에 이르렀다. 채현국 선생은 스스로를 '언어 고고학자'라고 일컬을 만큼 국어에 조예가 깊다.

어떻게 혼자 이렇게 고문서를 찾으며 옛 우리말을 연구하시게 된 겁니까?

채현국　그 계기는 초등학교 때였어요. 해방되고 2년이 지났는데 일제 강점기에 쓰던 '조선'이라는 말을 여전히 쓰는 거야. 그래서 담임 선생님한테 물었지. "우리나라가 왜 조선입니까? 조선 말고 다른 이름은 없습니까? 우리가 한자를 만든 게 아니라면 한자를 쓰기 전에 썼던 우리나라 이름이 있을 것 아닙니까?" 그랬더니 담임이 대답을 못 해. 화살을 맞은 것처럼 가만히 계셔. 하루, 이틀, 사흘을 기다렸는데도 대답이 없어 다시 물었더니 선생님이 "내가 다 찾아봤는데 희한하게 우리나라를 스스로 부르는 말이 없더라."라고 하셨어요. 나는 설마 그러리라고는 생각을 못 했다가 얼마나 놀랐는지, 그때 '어른들 참 형편없네!' 생각했지. 그때부터 우리나라를 부르는 말이 뭐였을까 찾아댕겼지.

한바탕 언어 고고학 강의를 들었다. 선생이 이토록 우리말에 관심을 가지고 있는 것은 우리말을 잃어 본 경험이 있기 때문이다. 그는 일제 치하의 학교에서 우리말로 이야기하다 선생님에게 뺨을 맞기도 했다며, 한글을 사랑하지 않는 요즘의 세태에 개탄했다.

채현국   한국말 했다고 얻어맞으면 금방 일본말 하게 됩니다. 언어라
는 건 반드시 힘 있는 쪽의 언어가 힘 약한 쪽의 언어를 먹게 되어 있
거든요. 그러면 우리는 훈련된 대로, 길들여진 대로 생각하고 살게 되
죠. 리영희 교수 대만 하더라도 일본말로 생각하는 세대입니다. 일제
때 교육받은 사람들은 이후 공부를 하지 않으니 끝내 한글로 생각하
는 법을 모르게 되고, 일제 때 배운 대로 지금까지 살고 있는 겁니다.
그래서 노인들이 그런 겁니다.

　얼마나 어렵게 찾은 우리말입니까? 그런데 '농협'을 '엔에이치
(NH)'라고 하잖아요? 그게 뭡니까? '니은히읗(ㄴㅎ)'이라고 하면 되지
왜 NH라고 합니까? 코레일은 또 어떻고요? 이태리어, 불어 동원한 온
갖 아파트 이름도 마찬가지입니다. 어떻게 찾은 우리말인데 그걸 그렇
게 내버리고……. 어떻게 찾은 우리말인데 그걸 그렇게 홀대합니까?

　한글을 쓰는 게 당연한 세상에서 살아온 탓에 이를 소중히 여기지 못한 것
에 죄책감이 들었다. "어떻게 찾은 우리말인데……."라는 그의 한탄이 마음에
길게 남았다.

오만한 자존심,
탄광을 나눠 주다

　선생은 서울대 문리대 철학과를 졸업한 뒤 입사했던 KBS를 3개월 만에 때

려치웠다. 문학 평론가 구중서 선생은 어느 글에서 대학 시절의 그를 이렇게 기억했다. "그는 머리를 삭발하고 신발 속에 양말을 신지 않고 맨발로 학교에 나타나기도 했는데, 학과를 초월해서 친구를 사귀었다. 그는 유난히 친구들을 좋아했는데 처음 만나 인사를 나누게 되는 친구에게는 '인류의 고민을 함께 나눕시다.' 하며 악수를 했다. 이 맨발의 철학도는 발은 시려도 가슴은 뜨거웠다."

직장을 그만둔 뒤 그는 아버지가 하고 있던 탄광 사업에 뛰어들었다. 언론인 임재경 선생은 자신의 회고록에 이렇게 썼다. "가정 연료의 주종이 연탄이었던 1960년대에 채기엽–채현국 부자의 흥국탄광은 개인 소득세 납부액이 전국에서 열 손가락에 들 정도로 커졌다. 그는 맘에 맞는 친구들에게 밥과 술을 사 주며 헤어질 때 차비를 쥐어 주는 데 그치지 않고 셋방살이를 하는 친구들에게는 조그마한 집을 한 채씩 사 주는 파격의 인간이다."

다음은 언론인 故 리영희 선생의 기억. "강원도에 있는 흥국탄광은 내가 많은 신세를 진 채현국이라는 사람의 부친이 운영하던 광산이다. 서울대 철학과 출신의 채현국은 그 당시 표면에는 일절 나서지 않으면서 군사 정권의 지명 수배를 받거나 도망 다니는 사람들을 그 탄광에 받아서 그들에게 호신처를 제공해 주고 또 음으로 양으로 반독재 노선을 추구하는 지식인들과 학생들, 그리고 문인들을 경제적으로 도와준 훌륭한 분이다."

그는 탄광업의 경기가 한창 좋을 때인 1972년, 홀연 탄광 사업을 정리하고 모든 돈을 종업원들에게 나눠 주었다. 10년 치 퇴직금까지 미리 당겨 주었다.

탄광을 종업원들에게 나눠 준 이야기가 유명한데요, 어떻게 그러셨습니까?

채현국   종업원들에게 나눠 준 진짜 이유가 있어요. 유신 이후 더 싸워 봤자, 돈으로 싸울 시기는 넘어갔다는 생각이 들어 그랬습니다. 실은 유신 전에 이후락 정보부장과 이야기가 되어 『서울신문』을 우리에게 주겠다고 했습니다. 다른 거 다 주고, 박정희 자서전까지 써 주기로 하고, 『서울신문』만 달라 했습니다. 신문사 해서 박정희 망치려고. 여당이 좋아하는 『서울신문』 가지고 욕을 하고 작살을 내려고. 그런데 아버지도 말리고, 신문사는 줄 수 없다는 거예요. 나는 그거 하나 믿고 다른 걸 다 참고 모르는 척했는데……. 그럼 더 이상 돈을 벌 필요가 없겠다 싶었어. 신문사도 못 하는데. 정권에서 뭔가 더 내놓으라고 하기 전에 아예 종업원들에게 줘 버렸어요. 내가 박정희하고 동업할 사람은 아니잖소?

나눠 줄 때 다 이치대로 했지, 생으로 인심 쓴 게 아닙니다. 72년 겨울부터 73년 봄까지 10년 후 법정 퇴직금까지 줬습니다. 그게 10년 후까지 일한다 치면 매년 1달씩 누진율까지 계산해서 그렇게 돼요. 10원 한 장 안 빼돌리고 다 줬습니다. 그건 나의 오만한 자랑이지요. 남이 알든 모르든 나의 자부심입니다. 학교도 팔 수 있었지만 돈 몇 푼 때문에 남의 동창회 없애고 싶지 않았어요. 그래서 지금 학교와 탄광만 남아 있습니다. 탄광은 그때 가져간 사람들이 잘 운영해서 지금까지 남아 있는 거지.

학교는 88년부터 이사장을 했는데, 이사장은 독재자이기 때문에 될 수 있으면 피해 주는 게 좋아요. 실제로는 회의지만 이사장 의견대로 가기 마련이죠. 아무리 좋은 의견도 이사장이 하는 말은 독재입니다. 그러니까 말하지 말고 참고 기다려야 돼. 물어보지 못하게 하고 "네가 알아서 해라."라고 해야 합니다.

인터넷에 찾아보면 선생님을 '문화 운동가'라고 하던데, 적절한 말입니까?

채현국　에이, 나는 운동가라는 소리를 별로 반가워하지 않습니다. 운동권 놈치고 진짜 운동선수 없거든. 운동선수들은 전부 여당 앞잡이로 동원되거든. 결국 비실비실이끼리 모여서 민주 운동을 하게 되는데, 이름이 운동권이니 참 우습지요.

　　진보 단체를 보면 보험처럼 거기에 드는 사람이 꼭 생겨요. 극우에 가까운 놈이 슬그머니 들어. 저쪽 편에서 성공하려면 공부도 열심히 해야 되고 시험도 봐야 되고 하니까. 그렇게 노력하기는 싫고 해서 이쪽에 성공하고 싶어 들어오는 거지. 출세주의의 일환으로 저항하는 쪽을 편드는 사람들이 있어요. 그런 출세주의자가 야권에 얼마나 많습니까? 신문 기자 중에 그런 사람이 또 얼마나 많습니까?

나는 아무것도
믿지 않는다

그럼 강연은 이제 하지 않으십니까?

채현국　저는 강연 자체를 거짓말이라고 합니다. 거짓말이 뭡니까? '거지의 말'입니다. 거지는 얻어먹으려고, 동정받으려고 아무 말이나 막 하지요. 아첨한단 말입니다. 우리에게는 속이는 것보다 아첨하는 게 더 문제라는 의식이 있었는데, 어느 틈에 아첨을 전문으로 하는 자본주의 시대가 되어 버렸습니다. 그래서 요즘 강연은 될 수 있으면 안 해요. 이 인터뷰도 뭔지 모르는 통에 이렇게 와 버렸네.

사람들이 말로 생각하는데, 말은 남의 말이거든. 따라서 생각하는 것도 모두 남에게서 배운 것이거든. 그런 한계를 잘 알려면 기억하는 것, 아는 것, 생각하는 것을 구분할 줄 알아야 해요. 이걸 학교에서부터 가르쳐 줘야 하는데, 선생들도 이 셋을 구분할 줄 몰라. 대학도 마찬가지고. 진짜로 공부하고 생각하면 코페르니쿠스처럼 사형당해요. 주류에 낄 수 없어요. '혁명사'나 '독립 전쟁사' 같은 걸 공부하는 사람들은 교수로 뽑히지 못해요. 잘못하면 감옥 가기 십상이지. 우리나라뿐 아니라 세계 어느 나라나 마찬가지예요.

국가 체제 유지를 위해 학교를 만든 겁니다. 교황에게 정권을 탈취한 근대 군주들이 교회 대신 학교를 세웠습니다. 그래서 학교에선 안 재워 줘요. 교회도, 절도, 성당도 다 재워 주는데 학교는 안 재워 줘. 모여서 정보 전달할까 봐. 정보 전달하면 권력 뺏기니까. 학교의 제1 목표는 교육이 아니라 국가 체제 유지입니다. 인권을 존중하고, 진리를 추구하고 어쩌고 하는데, 이건 다 속이기 위한 장식품이지 목적이 아니야.

선생이 이렇게 학교를 믿지 않고, 나아가 아무것도 믿지 않게 된 것은 일제 강점기와 해방을 거치면서 경험으로 형성된 생각 때문이다.

채현국　　일제 때는 일본을 우리나라라고 하더니, 해방되고 보니 원수의 나라였다고. 원수의 나라를 우리나라라고 하다니. 일제가 망하는 통에 나는 아무것도 안 믿게 됐어요. 나는 내가 말하는 것뿐만 아니라 내 생각도 안 믿어요. 아무것도 안 믿어. 믿는 것 자체가 미신이지, 미신이 따로 없어. "과학도 믿으면 미신"이라는 말을 고등학교 때부터 내가 하고 다녔습니다. 봐? 태양계의 행성은 아홉 개가 아니라 여덟 개지. 과학도 믿으면 미신입니다. 각종 종교와 지배자들이 미신이라는 걸 따로 만들었지만 실은 종교도, 과학도 너무 믿으면 다 미신입니다.

나는 '교육'이라는 말을 싫어해요. 교육은 명치천황의 말입니다. 가르치고 키운다고 하는데, 얻다 대고 건방지게 가르쳐서 키웁니까? 교육이라는 말, 이건 쓰면 안 되는 말입니다.

최근에 "천황 폐하 만세!"를 했다는 친일파 2세도 있지만, "천황 폐하 만세!" 안에는 천황을 위해서는 목숨도 바치겠다는 맹세가 들어 있어요. 그냥 만수무강하라는 말이 아닙니다. 아마 그 사람도 그런 맹세가 들어 있다는 걸 알았으면 만세 안 했을 거야. 그걸 아는 사람이 없어.

『한겨레』 인터뷰에서 그는 "나는 지식이나 사상을 믿지 않는다."라고 했다. 지식을 가지면 '잘못된 옳은 소리'를 하기 쉽다는 이유에서다. "사람들은 '잘못 알고 있는 것'만 고정 관념이라고 생각하는데, '확실하게 아는 것'도 고정 관념이다. 세상에 정답은 없다. 한 가지 문제에는 무수한 '해답'만 있을 뿐, 평생 해답을 찾기도 힘든데, 나만 옳고 나머지는 다 틀린 '정답'이라니……. 이건 군사독재가 만든 악습이다. 박정희 이전엔 '정답'이라는 말을 안 썼다. 모든 '옳다'는 소리에는 반드시 잘못이 있다."

그가 이사장으로 있는 경남 양산의 효암고등학교와 개운중학교 교정 한 구석에는 "쓴 맛이 사는 맛"이라고 쓰인 큰 돌이 세워져 있다.

"쓴맛이 사는 맛", 자라나는 학생들한테는 어려운 말인데요?

채현국 　학생들한테 물어봤는데, 괜찮다고 하던데. 하하, 쓴맛을 보면서 살아야 인생이 깊어지지.

박영숙

1966년 서울에서 태어나 서울대에서 소비자아동학과 사회복지학을 공부했다. 대학 졸업 뒤부터 줄곧 도서관을 자기 삶의 한복판과 사회적 가치의 최상위에 놓고 도서관의 공공성을 위해 혼과 몸을 던졌다. 2000년 느티나무도서관, 2003년 느티나무도서관재단을 설립했다. 2003년부터 5년간 느티나무도서관학교를 진행하면서 '작은도서관'들이 부딪히는 현장의 문제들을 여러 사람들과 함께 고민했다. 2007~2013년, 기업과 '작은도서관'을 연결해 운영 내실화를 꾀하는 '사립 작은도서관 지원 사업'을 실시했다. 2011년부터 2년간 국립어린이청소년도서관의 '도서관과 함께 책 읽기' 사업을 주관했다. 지금은 용인에 있는 느티나무도서관 관장으로 있으면서 '공공성'과 '지적 자유'라는 도서관의 사회적 가치 구현에 힘쓰고 있다. 뒤늦게 연세대 대학원 문헌정보학과에서 문헌정보학을 공부하기도 했다. 서울시평생교육진흥원의 이사이기도 하다. 저서로 『꿈꿀 권리』, 『내 아이가 책을 읽는다』, 『이용자를 왕처럼 모시진 않겠습니다』 등이 있다.

느티나무에선
이용자가
왕이 아닙니다

박영숙   느티나무에선
  ⋮   이용자가 왕이 아닙니다

  도서관에 푹 빠진 한 여성이 한 달 새 꽤 두툼한 두 권의 책을 잇달아
세상에 내놓았다. 재작년 여름이었다. 『이용자를 왕처럼 모시진 않겠습
니다』와 『꿈꿀 권리—어떻게 나 같은 놈한테 책을 주냐고』, 이런 도발적
인 제목이 달린 책이 세상에 나올 당시, 도서관에 대한 책도 베스트셀러
가 될 수 있다고 생각하는 사람은 많지 않았다. 이런 예상을 깨고 1년 만
에 『꿈꿀 권리』는 6쇄, 『이용자를 왕처럼 모시진 않겠습니다』는 3쇄를
이어 갔다. 두 권 다 도서관과 혼연일체가 되지 않으면 쓸 수 없는 얘기
로 빼곡히 채워져 있기 때문일 터다. 아무튼 이 두 권의 책은 20년 가까
이 도서관 운동에 몸을 갈고, 도서관에 영혼을 바친 이 여성의 이름을 세
상에 널리 알렸다. 이 여성이 관장으로 있는, '이반 도서관'(일반 도서관이
아니라) 혹은 '자발적 외인구단'으로 불리던 용인의 느티나무도서관 역
시 세상 사람들의 관심과 호기심의 표적이 된 것은 물론이다.

  한낮의 무더위가 조금 누그러지기 시작한 2016년 9월 9일 오후 3시,
인터뷰 팀은 경기도 용인시 수지구 동천동에 있는 느티나무도서관에 들
어섰다. 박영숙 관장은 도서관 초입의 서가 한쪽에서 동네 꼬마 이용객
들과 함께 책을 읽고 있었다. 느티나무도서관은 이름에 걸맞게 회색 콘
크리트와 초록 담쟁이덩굴이 어우러져 밖에서 보기에도 예쁘기 그지없
었는데, 안으로 한 걸음 들어가니 아기자기한 공간들이 줄줄이 인터뷰

팀을 기다리고 있었다. 나무 책장과 테이블 사이 소파에 길게 누워 책을 보는 여성, 계단 아래 골방과 원두막에 신발을 벗어 놓고 올라가 만화를 보는 아이들, 햇빛이 들어오는 창마다 어른거리는 초록 이파리들.

박 관장은 인터뷰 팀이 들이닥치자 미리 생각해 두었다는 듯, 일행을 도서관 옥상으로 안내했다. 옥상은 노천카페를 방불케 하는 자유분방한 곳이었는데, 주변 아파트촌의 울창한 숲을 고스란히 자신의 숲으로 받아들인 덕에 아담하면서 고즈넉한 분위기를 자아내고 있었다. 느티나무도 서관 1층 무료 카페에서 박 관장이 직접 만든 아이스커피를 마시며 1시간 반짜리 인터뷰가 시작됐다.

나를 일깨운
'유네스코 공공 도서관' 선언

느티나무도서관은 지난 2000년, 사립 문고로 시작해 2007년에 지금의 자리로 이사 온 뒤 건물을 새로 짓고 '공공 도서관'으로 등록한 걸로 되어 있더군요. 지금은 '사립 공공 도서관'을 표방하고 있는데, '사립'과 '공공'은 서로 충돌하는, 이율배반적인 개념 아닌가요?

박영숙   영어로 'private public library'라고 소개하면 "what?"이란 말을 무척 많이 들어요. 하지만 사실은 우리나라 「도서관법」에 따른 적법한 표현이지요. 우리나라 공공 도서관은 「도서관법」상 사립과 공립으로 나뉘는데, 그중 느티나무도서관은 사립으로 분류됩니다.

지금까지 『다들』의 멘토 인터뷰가 저희 진흥원 밖에 계신 사람과의 '외부자 거래'였다면 오늘 인터뷰는 사실 '내부자 거래'인 셈입니다. (웃음) 박 관장님이 서울시 평생교육진흥원 이사잖아요? 그래서 오늘 인터뷰는 기본 사항들을 먼저 여쭈어본 뒤 관장님 안내로 도서관 구석구석을 알뜰하게 돌아보는 '탐방 기사'로 채우지요. 독자들한테도 그게 더 유익할 것 같고요.

박영숙   말씀하신 대로 구석구석을, 알뜰하게 안내해 드리지요. (웃음)

『꿈꿀 권리』와 『이용자를 왕처럼 모시진 않겠습니다』, 이 두 책이 제법 많이 팔렸더라고요. 도서관에 대한 책이 6쇄를 찍고, 3쇄를 거듭했다니, 솔직히 많이 놀랐습니다.

<u>박영숙</u>   좀 더 팔려야 될 텐데요. (웃음)

도서관에 대한 대중의 관심, 호기심, 이런 것들이 과거와는 엄청 달라졌다는 얘기
아니겠습니까?

<u>박영숙</u>   제가 처음 도서관 운동을 시작할 때인 2000년대 초하고는
비교가 안 될 정도로 사람들의 관심과 기대가 커졌지요. 최근에 평생
학습에 대한 대중의 관심이 늘어나고 있는데, 사실 평생학습을 위한
아주 좋은 공간이자 시설이 도서관이거든요. 물론 그런 데에 대한 도
서관계의 인식이 아직 그리 깊지 못하지만, 여하튼 평생학습과 도서
관은 늘 같이 가는 것이지요.

뒤늦게 연세대 문헌정보학과 대학원을 마치셨지요? 다른 분들은 이론을 공부하고
실전에 투입되는데, 코스를 거꾸로 밟은 셈입니다. 그러지 않아도 도서관 동네에
서 이단아 취급을 당하셨을 것 같은데요.

<u>박영숙</u>   그렇습니다. 저희들끼리도 우리 도서관을 '이반 도서관',
'자발적 외인구단'이라고 부르곤 하지요. 저희 도서관에서 웹진을 만
드는데, 표제 아래 "경계에서"라고 써 있어요. 저희의 정체성이랄까,
저희가 할 수 있는 역할이 경계를 이어 주는 역할이라고 생각해서이
지요. 도서관 안과 밖의 경계를 이어 주는 그런 역할 말입니다.

    제가 1999년에 도서관을 준비할 때, '책이 있는, 마을의 느티나무
같은 공간'을 생각했는데, 그게 뭔지 감이 잡히지 않는 거예요. 제가

뭔가를 하겠다고 왔다 갔다 하며 애를 태우니까 공무원 한 분이 「독서 및 도서관 진흥법」이라는 게 있는데 그 법 안의 '사립 문고'가 당신이 원하는 것인 거 같다고 알려 주셨어요. 그때서야 문고라는 게 있는 걸 알았습니다. 그때만 해도 지금처럼 작은도서관 운동 같은 건 없을 때였으니까, 저도 민간인이 도서관을 만든다는 건 생각도 못 했거든요. 그러던 중 도서관에 대해 공부하다 보니 1994년에 발표된 유네스코 공공 도서관 선언을 접하게 된 거예요. "공공 도서관은 사용자들이 모든 종류의 지식과 정보를 손쉽게 얻고 이용할 수 있는 지역 사회의 정보 중심부로, 모든 사람들을 위한 접근의 평등성 원칙에 입각해야 한다."라는 내용이었지요. 인종, 성별, 나이, 학력, 사회적 계층, 장애, 그 어떤 것으로도 차별 없이 지식과 정보와 문화에 접근할 권리를 보장해야 한다는 걸 선언한 거예요. 오랫동안 가지고 있던 해묵은 고민의 답을 얻은 느낌이었습니다.

소비자아동학을 전공하고 사회복지 분야에서 일했습니다. 사회복지적 접근이란 어려운 이웃, 소외 계층의 사람들이 처한 환경을 어떻게 하면 일반인과 비슷한 환경으로 만들어 줄까 하는 것인데, 제가 경험한 바로는 그것이 또 다른 소외를 불러왔습니다. 그들이 사회적 관계망, 문화에서 소외되는 결과를 낳았거든요. 그런 아쉬움을 가지고 있다가, 유네스코 공공 도서관 선언을 보면서 '이게 답이다!'라고 생각하게 되었지요.

느티나무도서관 입구에는 '서비스 헌장'이 한쪽 벽면을 가득 채우고 있다.

워낙 우람하게, 그것도 도서관 초입에, 당당히 버티고 있기 때문에 사람들은 이를 읽어 보지 않을 수 없다. 그런데 한 줄 한 줄 읽어 내려가다가 멈칫, 되읽는 대목이 있다. "이용자를 '왕'처럼 모시지 않겠습니다."

박영숙   왕처럼 모시지 않겠다는 말에는 두 가지 메시지가 담겨 있습니다. '이용자들의 요구에 무조건 따르지 않겠다'는 뜻과 '왕을 섬기는 것과는 비교할 수 없을 만큼 진정으로 존중하겠다'는 뜻이지요. 얼핏 모순처럼 보일 수 있지만 말 그대로입니다. 고객을 '고이 모셔 두지 않고' 그들의 상상력과 꿈에 말을 걸겠다는 다짐이 우선이고요, 동시에 말을 걸면 기꺼이 소통과 상호 작용으로 이루어질 것이라는 신뢰의 표현이지요. 무조건 따르지 않으려는 이유는, 지금 이 순간 요구하는 것 말고 또 다른 동기가 생길 수 있는 가능성을 열어 두고 싶기 때문이고요.

10년을 한결같이,
400여 명의 믿기 어려운 후원

사립이면서 공공인데, 그럼 세금성 지원은 있습니까? 어떻게 운영되는지 궁금합니다.

박영숙   사립이지만 공공 도서관이라 공적 지원을 일부 받고 있습니다. 몇 년 전부터 공공 도서관을 야간 시간대에도 운영하도록 법제화

되어 야간 운영에 필요한 두 명의 인력을 지원받고 있지요. 경기도와 용인시에서 주는 작은도서관 책값 지원도 받고 있고요. 그것 말고는 거의 기부금으로 운영됩니다. 400여 명 정도가 소액 기부자이고, 몇 사람이 100만 원 단위의 큰돈을 다달이 10여 년째 기부하고 계시지요. 초창기에는 지인들 중심으로 후원 이사회를 꾸렸고, 지금은 상황이 나아져서 사업 이사회와 재정 이사회로 이사회가 나뉘어 있습니다. 돌이켜 보면 믿기 어려운 후원이지요. 빛이 나는 일도 아닌데, 10년을 한결같이 도와주셨으니까요.

100만 원 단위의 고액 기부자는 그렇다 치고 소액 기부자는 누군가요?

박영숙　지역 주민들입니다. 간혹 제가 쓴 책들을 읽고 멀리 전라남도 같은 데서 후원 편지가 오기도 하고요. 그런데 소액 후원이 늘어나는 게 참 어려운 일입니다. 처음 소액 후원 회원이 99명일 때 정말 감동했지요. 1명만 더 오면 100명이라며 감격한 겁니다. 이후 150명, 200명, 쭉쭉 늘어나니까 몇 년 후면 쉽게 1,000명도 되겠다 싶었는데, 실제로는 400~500명 선에서 멈추더라고요. 처음엔 저희가 뭘 잘못해서 후원이 멈춘 게 아닐까, 회의도 하고 대책도 세우고 했는데, 몇 년이 지나고 보니 그게 자연스러운 현상이더라고요. 여기 이사 와서 후원하시다가 해외로 가거나 이사 가시면 자연스럽게 후원이 끊어지고…….

도서관 후원이라는 게 절실함에서 다른 후원보다 만족감이 떨어지겠지요.

박영숙 그렇습니다. 사실 소아암 환자 후원이나 난민 구호 등과는 많이 다르지요. '절실한 데 도움을 준다, 값어치 있게 쓰인다'는 만족감은 그쪽이 훨씬 강합니다. 그래서 도서관에 후원하실 때는 본인들이 누릴 서비스와 엮어서 후원 동기를 만드시는 분들이 많아요. 이를테면 아이 생일 선물 대신 도서관에 책을 후원한다든가, 생일에 외식하러 나가면서 메뉴를 바꾸고, 케이크 대신 롤케이크에 초를 꽂고 아낀 돈으로 후원금을 냅니다. 아이들이 그걸 서운해하지 않고 좋아해요. 저희는 입구에 후원자 이름을 게시해 놓는데, 아이들이 와서 보고 "우리 엄마 이름이다." 하면서 좋아합니다. 저는 자선 중심의 기부보다는 '내가 누리는 곳에 내가 기부하는 문화'가 많이 생겨나면 좋겠어요. 소외 계층 사람들은 기부를 받으면서도 낙인감을 느끼거든요. 그보다는 우리가 누리는 걸 우리가 같이 자원하는 게 시민 사회를 단단하게 만들지 않을까 생각합니다.

이용자와 함께 나이 들고
표정이 생기는 도서관

도서관 건물이 참 예쁜데요, 설계에 직접 참여하셨다고 들었습니다.

박영숙 요즘 도서관을 새로 만들 때 자문에 응하기도 하는데, 그때마다 안타까운 게 있습니다. 도서관을 다 짓고, 그다음에 사람을 뽑는 것이지요. 저희는 도서관을 짓기 전에 사람을 뽑았어요. 도서관을 설계하는 6개월 동안 이용자로서 저희 의견을 반영하고 같이 만들어 갔지요. 저희가 원했던 건 여기 오는 사람과 함께 나이 먹어 가고 세월이 지나면서 표정이 생기는 도서관이었어요. 그래서 초반 콘셉트는 '밋밋함'이었습니다. 그걸 위해 노출 콘크리트로 지었고요. 또 어느 공간이든 구획 짓지 않고 유연하게 열어 놓았습니다. 기둥도 없고요. 이것도 할 수 있고 저것도 할 수 있습니다. 책장에 전부 튼튼한 바퀴를 달아서 순식간에 옮길 수 있도록 했어요. 바닥을 마루로 깔았더니, 사람들이 다닌 길이 보여요. 그 발자국으로 사람들의 동선을 읽어서 책 배치를 바꾸기도 합니다.

우리나라에 느티나무도서관과 비슷한 도서관이 더러 있나요?

박영숙 2011년부터 2013년까지 저희 느티나무도서관이 서울 성북구에서 위탁 운영한 도서관들이 있어요. 그 도서관들이 그때 일했던 저희 식구들을 다 승계해 주었고요. 2014년부터는 파주에서 위탁 교육을 하고 있습니다. 공공 도서관 중에는 '교하도서관'이 저희와 교류하고 소통하고 함께 고민하며 일하고 있고요, 사립 도서관 중에는 작은도서관으로 시작해서 규모를 키워 공공 도서관으로 등록한 '친구도서관'이 있습니다. 부산, 서울 난곡, 대전 유성에 있는데, 저희가 한 사람의 인건비와 책값을 지원했더니 열정적으로 일해서 성공적으로 운영 중입니다. 아마 인건비를 지원한 예는 찾아보기 힘들 텐데, 진짜 중요한 건 인건비거든요. 그때 기업들의 도움을 받았습니다. 기업에 계시는 분들이 '사람이 중요하다'는 것에 훨씬 더 잘 공감하고 도와주시더라고요. 이렇게 전국 곳곳에 저희와 마음 맞는 도서관이 많이 생기고 있습니다.

2010년대를 지나며 전국 곳곳에 작은도서관들이 뿌리를 내리고 있다. 그중에는 느티나무도서관의 도움을 받아 만들어진 도서관도 있다. '작은도서관'이라는 말도 없던 시절, 사립 문고에서 시작한 느티나무도서관은 새싹 도서관들의 멘토이자 본보기로, 도서관이라는 숲 생태계를 건강하게 지탱하고 있다.

답 대신 레퍼런스를, 시간과 경험을 공유하라

<u>박영숙</u>　도서관 서비스의 꽃은 참고 서비스입니다. 영어로는 '레퍼런스(reference)'라고 하지요. 도서관은 답을 주는 곳이 아니라 레퍼런스를 주는 곳입니다. 답이 아니라 같이 길을 찾는 겁니다. 말은 그렇게 하면서도 사서들한테 묻는 게 고작 "화장실이 어디냐?", "숙제 목록에 나온 책을 찾아 달라.", "버스는 어디에서 타냐?" 정도인데, 저희는 의도적으로 '레퍼런스'라는 말을 쓰면서 이용자에게 말을 많이 걸었습니다. 그랬더니 때로 감동적인 질문도 받습니다.

지난봄 아이 왕따에 대한 자료를 보고 싶다고 하신 어머님이 있었는데, 대화를 하다 보니 아이가 왕따를 당하는 게 아니라 시키는 거였습니다. 사서와 신뢰가 쌓였기 때문에 그런 질문을 할 수 있었고,

한께 답을 찾아 갈 수 있을 거라는 기대를 하고 질문을 하신 것이지요. 이런 질문이 오면 전 관이 풀가동을 해서 지하부터 3층까지 코너별로 주제에 관련된 걸 모두 추려서 공유하고 전달합니다. 일방적으로 답을 드리는 게 아니라 "혹시, 이런 것도 있는데……." 하며 권하면 "아……, 그쪽으로 더 찾아봐 주시면 좋겠네요." 하는 식으로 답이 옵니다. 이렇게 오가며 일상에서 필요한 배움을 얻어 가는 과정이 바로 도서관의 존재 이유 아닐까 생각합니다.

사립 도서관은 공립 도서관과 어떤 부분이 다른가요?

박영숙　　운영하는 게 힘들어서 시를 상대로 "공립으로 기부 체납할까요?" 요청드린 적도 있는데, 도서관은 선물로 그리 좋은 품목이 아니더라고요. 도서관을 받으면 사람도 채용해야 하고, 해마다 예산을 들이부어야 하니까요. 저희 입장에서 공립 도서관을 경험해 볼 수 있는 기회는 위탁이에요. 위탁으로 운영을 해 보니, 예산을 주고 그 범위 내에서 뭘 하라는 식으로 내려오는 게 아니라 예산의 세목까지도 전부 정해져서 와요. 그래서 할 수 있는 것에 한계가 있더라고요.

　저희는 '누구나'를 무척 중요하게 생각해요. 그것이 공공성을 대변하는 말이라고 생각하거든요. 근데 공립 도서관에서 일하시는 분들은 '누구나 스트레스'를 받으시더라고요. 누구나 회원으로 받다보니 같은 자치구의 다른 도서관에서 항의도 오곤 했어요. 그런 부분도 다른 것이지요. 공립은 예산이나 회원 등의 부자유도 있지만, 가장 큰 건 평가로부터 자유로울 수 없다는 거예요. 시의회나 구의회에서 매년 감사를 하고, 회원이 줄거나 대출 권수가 줄면 예산이 깎이거든요. 사립은 그런 평가가 없기 때문에 절대 시간이 필요한 낭독회 같은 행사를 줄기차게 열 수 있어요. 그게 가장 큰 차이죠.

관장님의 꿈은 무엇입니까?

<u>박영숙</u>　특별한 꿈은 없고요, 지금 하고 있는 일을 계속해서 해 나갈 수 있으면 좋겠습니다. 도서관계에서 같이 연구하고 시간과 경험을 공유하면서 전문성을 키워 나갈 수 있는 커뮤니티를 만들 수 있으면 참 좋겠고요. 전문성이라는 게 학위를 딴다고 생기는 건 아니거든요. 그리고 '도서관상'도 돈이 생기면 만들고 싶어요. 무작위로 전화를 돌리거나 SNS를 통해서 시민들이 직접 우리 마을 도서관, 우리 마을 사서를 정해서 상을 주는 거죠. 문체부에서 심사해서 내려오는 상이 아니라요.

시간과 경험을 공유한다는 표현이 인상적인데요, 이것이 관장님께서 생각하시는 '공부'에 관한 생각이기도 할까요? 그리고 커뮤니티를 만드는 건 우리 교육이 나아가야 할 방향과 관련지을 수도 있을 듯하고요.

<u>박영숙</u>　예, 도서관계의 현장 전문성에 무게를 둔 이야기였습니다만, 그렇다고 할 수 있습니다. 사서들이 자료를 수집하고, 엮고, 지원하는 과정이 커뮤니티의 역동적인 상호 작용으로 활성화된다면, 이용자들의 사회를 읽는 눈이 밝아지고 대안을 상상하는 폭도 넓어질 테니까요. 도서관이 수험생 공부방 아니면 여가 공간으로만 활용되는 것이

참 아깝습니다. 앞서 '레퍼런스'를 사례로 소개한 것처럼, 도서관이 삶에서 맞닥뜨리는 문제들의 답을 찾거나, 실마리가 될 다른 질문을 발견하는 곳이 되면 좋겠어요. 삶의 문제들은 대체로 신기할 만큼 맞닿아 있죠. 그 맥락을 읽으려면 사회를 바라보는 다양한 시선과 세상을 다루는 다양한 방식을 만날 필요가 있습니다. 설레고 즐겁기만 한 일은 아닐 겁니다. 때로 불편하고, 뿌리째 흔들리듯 혼란스러울 수도 있겠지요. 그래서 소통하고 공명하는 커뮤니티가 힘을 갖기를 바랍니다. 하루하루 일상의 익숙한 장면에서 질문을 떠올리고 그 물음에 자신의 답을 찾아가는 과정, 서로 다른 생각과 경험을 가진 사람들과 또 다른 길을 모색해 가는 과정. 그것이 공부 아닐까요?

1시간 반 가까운 인터뷰를 마치고 인터뷰 팀은 박 관장을 앞세워 느티나무도서관 속살 탐방에 나섰다. 구석구석 그의 손길이 미치지 않은 곳이 없었고, 그 어떤 작은 공간도 그의 영혼이 묻어나지 않은 곳이 없었다. 열정적으로 설명하는 박 관장의 내면에는 도서관에 더 미쳐야 할 공간이 남아 있음이 분명했는데, 그 열정적인 설명의 순간, 느티나무도서관과 박영숙은 하나로 포개져 있었다.

조
은

1946년 전남 영광에서 태어났다. 광주수피아여고를 졸업하고 서울
대 영문학과에 입학했다. 영문학과 졸업 뒤 서울대 신문학과 대학원
에서 신문학 석사 학위를 받았다. 미국 하와이대에서 사회학 박사
학위를 취득하고, 1983년부터 2012년까지 동국대 사회학과 교수로
재직했다. 현재는 동국대 명예교수이다. 오랫동안 우리 사회의 빈곤
문제에 깊은 관심을 가지고 연구를 계속해 왔다. 1986년부터 25년
동안 사당동 판자촌의 한 빈곤 가족을 4세대에 걸쳐 연구한 뒤 그 연
구 결과를 『사당동 더하기 25』라는 제목의 책으로 엮어 냈다. 또하
나의문화 이사장과 공동육아와 공동체교육 이사장, 한국여성학회
회장을 지냈다. 저서로 『사당동 더하기 25』 외에 『절반의 경험, 절반
의 목소리』, 『도시 빈민의 삶과 공간』(공저), 『성 해방과 성 정치』(공
저), 소설 『침묵으로 지은 집』 등이 있다. 학문 간, 장르 간 경계를 넘
나드는 시도를 해 왔으며, 다큐멘터리 「사당동 더하기 22」를 제작,
연출했다.

살고 나면
또 배울 것이
있더라

조 은   살고 나면
：   또 배울 것이 있더라

"저를 이 인터뷰 코너에 초청한 이유가 뭐죠?" 조은 교수가 자리에 앉자마자 농반진반으로 이렇게 물었다. "지금까지 인터뷰 대상 가운데 여성이 한 분인가밖에 없는 것 같던데……."

뜨끔했다. 사실을 말하자면, 창간 1년이 넘도록 멘토 인터뷰 코너에 여성을 모신 것은 조 교수를 인터뷰하기 직전 한 분을 섭외한 게 다였다. 송년호를 맞아 배움과 가르침의 의미를 깨우쳐 줄 수 있는 '여성계 원로'를 찾기로 한 뒤 조은 교수를 초대한 건 그런 까닭이었다.

곰곰이 생각해 보니, 이와 비슷한 장면을 어디서 본 것 같다. 백낙청 서울대 명예교수가 2015년에 정치와 경제, 여성, 교육 등 우리 사회 7개 분야의 중견, 중진 인사 7명을 인터뷰한 책 『백낙청이 대전환의 길을 묻다』를 펴냈다. 여성 분야에서는 조은 교수를 인터뷰했는데, 그 인터뷰도 조 교수가 "왜 하필이면 나냐?"라고 묻는 말로 시작하고 있다. 이 질문에 대한 백 교수의 답변을 소개하는 것으로 『다들』의 답변을 대신하자.

"여성 분야라는 게 그 안에 여성이 처한 현실에 대한 분석이나 대응책이 있고, 여성 운동도 있고, 또 여성학·여성주의 담론도 있어요. 굉장히 광범위하지요. 또 그 하위 분야들 안에도 갈래가 많고요. 독자들이 이 분야를 포괄하는 이야기를 듣고 싶어 합니다."

"그보다도 제 질문은 앞서 인터뷰하신 분들에 비해 저는 선각자적 삶을 산 것도 아니고, 걸출한 업적을 낸 것도 아니어서 특별한 교훈을 줄 이야기가 없다는 뜻입니다."

조 교수를 인터뷰하는 일은 평범한 길을 걸은 것만은 아닌 한 여성의 생애사를 채록하는 일과 비슷했다. 그녀의 인생을 이야기하는데, 그 안에서 한국 사회의 계급, 젠더, 정치 문제 등이 씨줄 날줄로 교차했다. 이는 그가 사당동 철거 현장에서 만난 가족을 25년간 따라가며 썼던 책 『사당동 더하기 25』의 서술 방식과 비슷하다. 인터뷰 초반부터 '조은의 생애사'를 통해 한국 사회의 문제들을 짚어 보기로 작정했다. 인터뷰는 2016년 12월 9일 오전, 서촌의 한 카페에서 진행되었다.

인기 좋은 전공에서
인기 없는 전공으로

서울대 영문학과를 졸업하신 뒤 서울대 신문학과 대학원에 입학해 신문학으로 석
사 학위를 받았습니다. 그러고는 미국으로 가 사회학으로 박사를 했는데요, 전공
을 계속 바꾸게 된 특별한 계기가 있습니까?

조은 가장 인기 좋은 과에서 점점 인기 없는 과로 전공을 바꾸었
다고 이야기를 해 왔는데, (웃음) 맞는 말이기도 하고 아니기도 합니
다. 서울대 문리대 영문과는 그 당시 커트라인이 높았어요. '영문과
란 이중의 허영을 상징하는구나.' 하는 생각이 졸업한 후에 들더군요.
수재 여성이라는 걸 입증하면서, 또 한편으로는 남성의 영역을 넘보
지 않는 학과였다고 생각해요. 법대나 공대, 의대에 갈 실력은 되지만
그런 '거센' 전공을 선택하는 대신 여성적 이미지를 훼손하지 않겠다
는. 물론 그때 그런 생각을 했던 건 아닙니다. 대학을 졸업하고 한 20
여 년 뒤에 생각한 겁니다. 대학 입학 면접에서는 영문학을 해 보고
싶다고 답을 했던 것 같아요.

대학에 입학했을 때, 그때 막 20대 후반의 백낙청 교수가 부임했
고, 같은 연배의 김우창 교수가 계셨어요. 요즘 말로 두 분은 스펙이
화려했지요. 집안도 좋고, 하버드 나오고, 젊고 세련된 그분들을 보며
'저 정도는 되어야 교수 하지.' 하는 생각이 들었어요. 우리 동기 중에
졸업하고 바로 영문학 전공으로 대학원에 간 친구가 없었어요. 주눅

이 들었던 거지요. 역설적이게도 그분들은 우리가 영문학을 포기하게 했지만 그 대신 다른 전공을 찾아보게 했고, 커리어를 쌓아 가면서 두고두고 우리 세대 학문의 길에서 주요 레퍼런스였어요.

그때 문리대는 인문학적 소양과 비판적 안목을 키우는 데 더없이 좋은 분위기였어요. 예리하고 비판적인 언어가 홍수처럼 물밀듯이 쏟아져 들어와 출렁댔어요. 말로 살았지요. 오죽하면 문리대 애들은 죽으면 입만 둥둥 뜰 거라며 스스로 자조하기도 했어요. '쓸모 있는 지식'을 배우는 일과는 거리가 멀었으니까요.

기자로 일하시다가 학문적인 필요성을 느껴서 언론 관련 석사를 하신 건가요?

조은 아, 그게 아니고요, 그때는 직장이 별로 없어서 여학생이 영문과를 나오면 교직으로 가는 게 비교적 쉬운 길이자 정해진 수순이었습니다. 그런데 저는 저에게 교사는 맞지 않는 것 같아 교생 실습을 안 했어요. 졸업이 가까워지면서 어딘가 취직을 해야겠다고 고민하고 있는데, 졸업하기 두 달 전에 선명회(현 월드비전)에서 채용 공고가 나왔어요. 그곳에서 해외 후원자와 후원받는 고아들 사이에 오가는 편지를 번역하는 일을 했지요. 국제기구여서 주 5일 근무에 오전 9시에서 오후 5시까지만 일하는, 그 당시로는 드문 직장이었어요. 무엇보다도 여성들만 뽑았고, 월급도 많아 최고의 규수 직장이었지요. 점심시간이 되면 품위 있게 차려입은 중년 부인들이 둘러보고 가기도 했어요. 며느릿감 선보러 온 거예요. 이화대학과 서울대 영문과 졸업생들로만 채워진 일터였는데, 그 당시 엘리트 여성에 대한 사회적 기대치를 보여 주는 하나의 현장을 경험한 셈입니다.

　그런데 그 직장이 저한테는 잘 맞지 않았어요. 그래서 몇 달 만에 그만두고 동화통신(현 연합통신) 외신부 기자로 입사해 2년 정도 일했습니다. 언론사는 문리대 분위기와 비슷해 곧 재미를 붙였죠. 대학원을 다니기에도 좋은 직장이었어요. 특히 외신부는 아침 6시 반에 일을 시작해 오전 9시 반이면 끝났거든요. 동화통신에서 수습이 끝나고 외신부로 발령 나자 바로 서울대 신문대학원에 들어갔지요. 외신부에서 일하면서 영어 뉴스를 빠르게 기사화하는 훈련도 했어요. 당시 동화통신에는 고은 시인, 서기원 소설가 등도 있었고, 외신부에는 대학 선배 등 강팀들이 포진해 있었어요.

‘유학생 와이프’가 아니라
‘유학생’이 되고 싶었다

언제 동화통신을 그만두시게 되지요?

조은　　　1971년 말, 결혼하면서 그만뒀어요. 당시엔 여자는 모든 직장에서 결혼하면 그만둬야 했으니까. 언론사도 예외가 아니었어요. 숙명처럼 받아들였어요. 저항할 생각도 못 한 세대였습니다. 서울대 전임이던 남편은 결혼 8개월 만에 미국 유학을 떠났고, 저는 혼자 남아서 출산을 하고 출산 4개월 만에 아이를 친정에 맡기고 유학생 남편에게 갔어요. 저도 공부를 할 생각이었지요. 그런데 사정이 여의치 않아 유학생 대신 유학생 와이프로 지냈어요. 남편이 미시건대학에서 석사를 끝내고 UCLA에서 포스트닥(박사 후 과정: 의사와 박사를 동격 대우함.)을 하게 되었을 때 저는 『동아일보』 LA지사 미주판 기자로 일하며 남편을 뒷바라지하게 됐지요. 완전히 '유학생 와이프'가 된 겁니다. 그러다 유학생 와이프보다는 내가 유학생을 하는 게 낫겠다는 생각에 이르렀고 귀국하면 그런 길을 찾겠다고 마음먹었지요.

1974년에 남편과 함께 한국으로 돌아와서 신문대학원에 복학했습니다. 이듬해에 석사 논문을 끝내고 EWC(동서문화센터) 장학생에 지원했지요. 장학금을 받아 1976년에 홀로 하와이대학으로 유학을 떠났어요. 아이와 남편을 두고 유학을 떠난 1세대쯤 되겠지요. 주변에서 말이 많았어요. 심지어 대학 동창들도 "이제 너의 시대는 끝났으니 아이나 잘 키워."라고. 그때 제 나이가 만으로 서른이 되기 전이었는데.

아이는요?

조 은 아이는 친정어머니가 봐 주셨어요. 결혼해서 살림하고 아이 키우는 생활이 제게 안 맞는 옷 같다는 느낌이 늘 있었습니다. 친정어머니께서 살림에는 소질이 없지만 공부에는 소질이 있는 딸을 안타까워하셨고요. "내가 조금이라도 젊어서 애를 봐 줄 수 있을 때 너는 나가서 공부해라." 그러시더군요. 그때 국내 대학의 대학원 과정은 아직 틀이 잡히지 않았어서 공부를 하려면 외국 유학을 택할 수밖에 없었어요. 저희 어머니는 6·25 때 일찍 혼자되셔서 여성이 독립적

이어야 한다는 것을 체감하신 분이셨고, 전문직 여성이 되지 못한 당신 세대의 한계를 딸이 벗어나기를 바라셨어요.

왜 사회학이었습니까?

<u>조 은</u>　유학 가면서 사회학으로 전공을 바꿨어요. 대학이나 학과를 선택할 때 자기 삶의 방향이나 전공을 뚜렷하게 정해서 움직이는 경우보다 상황에 따라 움직이는 경우가 훨씬 많지요. 외신부 기자를 하다 보니 신문대학원에 진학했는데, 그 당시 신문학은 사회학 이론의 영향하에 있었고 저는 응용 학문보다는 분석적이고 이론적인 학문에 더 관심이 있었던 것 같아요. 당시 사회 분위기는 사회학이 사회주의 이념과 짝지어져 학과 신설 인가가 안 나올 정도로 위험시되는 때였는데, 무슨 이유였는지 관심이 쏠렸어요. 주변 사람들이 영문학 했으면 선후배도 많겠다, 자리 잡기도 쉬울 텐데 왜 취업하기도 힘든 사회학을 공부하러 가냐고 말리기도 했고요. 현실적인 계산은 안 했던 것 같아요. 사회 진출에 대한 수단으로 남편과 아이를 두고 유학을 갔다면 중도에 그만둘 수도 있었을 겁니다. 그냥 '화장기 없는 얼굴로 운동화 신고 도서관 가고 싶다.'라는 정도의 바람과 그런 삶을 살고 싶다는 생각을 했어요. 유학 생활을 살아가는 과정으로 여겼고, 때로 즐기기도 했어요. 현실감이 결여된 현실적 판단을 주저 없이 하는 성향이 제게 좀 있어요. (웃음)

　또 하나는 바로 전해에 같은 장학금을 받고 온 결혼한 선배가 있었는데, 두고 온 아이를 못 잊어서 학업을 중단하고 돌아갔어요. 만약

저까지 그렇게 되면 결혼한 여자들에게 더 이상 기회가 없겠다 싶어 좋은 선례를 만들어야 한다는 책임감으로 끝까지 버틴 것 같아요. 약 6년 동안 가족과 떨어져 혼자 유학 생활을 한 셈이지요. 물론 방학 때 오고 가고 했지만요. 그때는 미국에 입국할 때마다 비자를 새로 받아야 했는데, 여름 방학, 겨울 방학 때마다 미국 입국 비자를 받으러 갔더니 비자 발급 영사가 저더러 "일 년에 두 달짜리 부부"라면서 "한국에서 가장 해방된 여성"이라고 이름 붙이기도 했어요.

조은 교수는 1976년부터 1982년까지 6년간 유학을 했다. 박사 논문은 「한국 도시 기혼 여성의 경제 활동에서의 계급 차이(Class differences in Maried Women's Income earning activities in Urban Korea)」이다. 교육받은 여성의 고용률이 오히려 더 낮았던 한국의 현실을 분석한 논문이다. 이 논문에 이미 조 교수의 계급과 가족, 젠더에 대한 문제의식이 나타나 있었던 셈이다.

내가 그를 처음 본 건 1990년대 중후반이었다. 『한겨레』에서 한겨레통일문화재단 설립추진본부장을 맡고 있을 때였다. 당시 『한겨레』는 공동육아연구회와 함께 '남북어린이어깨동무'라는 대북 지원 단체를 만들어 북녘 어린이에게 식품과 영양제, 기초 약품을 보내는 운동을 펼치고 있었다. 공동육아연구회의 조형 회장(이화여대 명예교수)이 어느 날 조은 교수를 동지처럼 대동해 나타났고, 첫눈에 그가 '또하나의문화'로 우리 사회 여성 운동에 새로운 흐름을 만든 네 명의 '조'(조형, 조은, 조옥라, 조한혜정) 가운데 한 사람이란 것을 단박에 알아챘다.

당시 40대 후반이었던 조은 교수는 앳된 얼굴에 맑은 웃음을 머금고 조용 조용 얘기를 이어 가는 20대 중반의 대학원생 같은 모습이었다. 그런데 20여 년 만에 다시 보는 그는 세월을 어디로 다 흘려보냈는지, 고희의 나이에도 불구하고 표정과 차림새에서 여전히 풋풋한 젊음을 뿜어내고 있었다.

'교육 수준의 평준화'보다 '교육 조건의 평준화'가 더 중요

이쯤에서 조 선생님께 '내 인생의 선생님'은 누구였는지 질문을 드리지 않을 수가 없네요.

조은 생각해 보면 제 인생에서 가장 운이 좋았던 건 좋은 선생님을 끊임없이 만났다는 겁니다. 초등학교 때는 세 분의 선생님이 기억에 남아요. 1953년, 휴전 협정이 체결되고 나라가 어수선할 때 광주 중앙국민학교에 입학했어요. 보다 정확하게 말하면, 다섯 살 때 서울에서 6·25 전쟁을 만나 남쪽으로 피란을 했고, 영암 외가에서 시골 학교에 입학했는데 교육열이 강한 어머니가 두 달 만에 광주에 있는 학교로 전학시켰어요. 1학년 때 담임 선생님은 생각이 잘 안 나고, 2학년 때 윤복님 선생님은 사범학교를 갓 졸업하신 분이었는데, 초등학교 2학년짜리를 데리고 수예를 비롯해 이것저것 여러 가지를 가르쳐 주셨어요. 제가 지금도 시간 나면 수를 놓거나 헌 옷을 수선하는 버릇이 있는데 그때 배운 버릇 같아요. 사람들이 상상이 잘 안 간다고 말하지요. (웃음) 초등학교 3학년 때 이광규 선생님은 그림을, 5~6

학년 때 이영미 선생님은 서예를 가르쳐 주셨어요. 제가 초등학교 졸업할 때 6개의 특기상을 받았는데, 모두 방과 후에 특별 활동을 지도해 주신 선생님들 덕이었어요. 과외라는 개념이 없었던 그때, 방과 후에 저를 따로 불러 당신들의 취미와 특기를 가르쳐 주신 거예요. 당연히 무료였지요.

중학교 때는 한 학년이 네 반, 고등학교 때는 세 반밖에 없는 작은 학교를 다녔는데, 이른바 명문 일류 학교가 아니어서 치열하게 경쟁하지 않아도 되었던, 작은 기독교계 여학교였어요. 중·고등학교 때 손으로 꼽을 수 없이 많은 헌신적인 선생님들을 만났어요. 우순자, 나순호, 이수복, 김순신, 황호순, 문영순, 주정숙, 한덕선 선생님 등. 지금도 이름을 바로 댈 수 있는 좋은 선생님들이셨죠. 중학교 3학년 때 담임 선생님은 박경리 작가와 같이 등단한 이수복 시인이었고, 음악 선생님의 부군은 김현승 시인이었어요. 친구들끼리 시를 외우고 다니는 일이 일상이었어요. 동창회장은 나중에 '광주의 어머니'라는 호칭을 받은 조아라 선생님이셨고. 역할 모델이 많았어요. 고등학교 때 영어 선생님은 서울대 영문과 10년 선배, 국어 선생님은 국문과 13년 선배쯤 될 거예요. 그분들이 저에게 제가 대학 입학도 하기 전부터 문리대 오리엔테이션을 했어요. 물론 너무 옛날 분위기의 문리대 오리엔테이션을 해서 처음 대학에 와서 당황하기도 했지요. "문리대 여학생들은 너무 진지해서 소리 내어 웃지도 않는다." 그런 식의 때 지난 오리엔테이션. (웃음) 가장 바람직한 교육 환경에서 중·고등학교를 마치고 서울로 진학한 셈이지요.

교육이 제대로 되려면 지금 같은 '교육(학력) 수준의 평준화'보다 더 중요한 게 '교육 조건의 평준화'예요. 교육 조건을 얼마나 평준화할 수 있는가, 얼마나 좋은 교사들을 고르게 배치하는가, 교사들이 자존감을 가지고 각자의 개성을 살려 아이들의 미래를 준비시키는가, 이런 게 더 중요하지요. 현재의 교육 평준화는 교육적 의미가 탈색된 정치적 용어에 가깝다고 생각할 때가 많습니다.

원고를 턴 날 수락하게 된
두 번의 정치적 역할

시난 2015년 말, 당시 제1야당(현 더불어민주당)에서 선출직평가위원장, 말하자면 국회의원 공천을 컷오프하는 정치적 역할을 맡으셨지요? 현실 정치에 별로 관심이 없는 분이어서 많은 사람들이 깜짝 놀랐습니다. 그 직을 받아들인 이유가 무엇입니까?

조은 평소에 "5밀리미터도 정치에 발을 들여놓고 싶은 생각이 없다."라고 말하곤 했는데, 정치라기보다는 현실 정치 또는 정가에 발을 들여놓을 생각이 없었던 거죠. 그런데 2012년에 통합민주당(현 더불어민주당) 19대 의원 공천심사위원을 했어요. 마침 『사당동 더하기 25』의 원고를 넘긴 바로 다음 날, 정년퇴직 준비로 짐을 싸고 있는데 당시 한명숙 대표가 공천심사위원을 맡아 달라는 요청을 해 와 숙고할 틈 없이 받았어요. 정년 퇴임식을 앞두고 있었고, 준비하던 책의 원고도 넘겼으니 안 하던 일을 한번쯤 해도 될 것 같은 기분이 들었어요.

공천 심사를 하면서 빠른 시간에 아주 집중적으로, 한국의 정치판을 들여다볼 수 있었지요. 두어 달 동안 아침 9시부터 어떤 때는 밤 12시까지도 서류를 들여다보고, 국회의원 입후보자들을 면담하는 등의 강도 높은 노동을 하면서 '내가 현실 정치에서 너무 떨어져 지내다 죄받았구나.' 하는 생각도 했어요. (웃음) 너무 무심한 척 굴어서 미안하기도 했고, '호남 출신이면서도 민주당의 정치적 기반인 호남인의 정치적, 계급적 정서를 너무 몰랐구나.' 하는 반성도 했어요. 그때까지만 해도 호남향우회에도 나가 본 적이 없었고, 호남 정치의 지역패권주의(지방색) 프레임에 갇혀 다층적이고 복잡한 정치적 기반을 주의 깊게 보지 못했었어요.

공천 심사 경험 4년 뒤에 같은 당에서 선출직공직자평가위원장 제의가 왔을 때는 좌고우면하지 않고 정치적 셈법 없이 일을 해낼 수 있겠다고 판단했어요. 20대 국회의원 공천을 앞두고 그들의 컷오프를 결정하는 악역이어서 선뜻 나서기 힘든 제의였는데, 현실 정치와 거리를 두어 왔기 때문에 정치적으로 얽힌 이해관계가 없어 개인적으로 부담이 없었어요. 당이 흔들리고 있을 때여서 위원장 선출을 둘러싼 논란도 거셌어요. 맡으면서 조건을 내걸었어요. 당시 문재인 대표를 만나 '① 평가위원 전원의 구성을 위임해 달라, ② 당에서 업무가 원활하게 진행되도록 지원은 하되 간섭은 하지 말라, ③ 어떤 결과에도 승복하는 여건을 만들어 달라'고 했는데, 문재인 대표가 이를

흔쾌히 수용했고, 원칙대로 끝낼 수 있었습니다. 평가하는 일은 교수가 항상 했던 일이고, 사심 없이 했다고 생각합니다. 함께한 평가위원들도 개인 정치인의 컷오프에는 관심이 없었지만 강한 야당에는 관심이 많았지요. 당시 우리 정치의 미래가 암담했고 어떻게든 정치판을 바꿀 수 있어야 한다고 염원했으니까요.

계급을 넘어서는 배움,
『사당동 더하기 25』

『사당동 더하기 25』에 대한 이야기를 빼놓을 수 없습니다. 다큐가 먼저 나왔지요? 다큐 「사당동 더하기 22」를 같이했던 사람들은 어떤 사람들이었나요? 영화 하던 사람들이었습니까?

조 은   아닙니다. 저희 동국대 제자들이었어요. 다큐를 찍기 2~3년 전 제가 동국대에 영상사회학을 개설했어요. 처음엔 학과에서 반대도 많았어요. 실증주의 사회학이 주류를 이루고 있었고, '과학적 실증'과 그런 방법을 위한 사회 통계 방법 등이 금과옥조로 받아들여지던 시절에 저는 심층 인터뷰, 구술사 등의 질적 방법에 치중했고, 영상사회학까지 개설했으니까요. 학문을 하는 데 있어 시의에 맞는 주제와 문제의식도 중요하지만 방법론도 지속적으로 고민해야 한다고 생각해요. '쓰기(writing)'라는 개념 자체도 바뀌어야 되고요. 이제는 영상도 쓰기의 일종이라고 생각합니다.

1986년부터 5년간 사당동 철거 재개발 연구에 들어갔을 당시에는 참여 관찰, 인터뷰, 사진 등의 전통적 질적 연구 방법으로 접근했고, 동영상을 찍을 생각은 못 했지요. 사당동 현장 연구를 끝낸 5년 후쯤 동영상을 찍기 시작했어요. '시간이 지나면 우리 학생들이 산동네라는 개념을 잘 모르겠구나.' 싶기도 했고, 사례 가족에서 일어나는 일들이 너무 역동적이었어요. 사례 가족을 따라다니다 보니 제가 미처 몰랐거나 예상치 못한 사건들이 연이어 일어나는 거예요.

다큐는 촬영에 관심 있는 사회학과 학생들이 있어서 함께했어요. 처음 촬영에 나섰던 김만재는 6~8개월 만에 MBC에 입사해 나중에 「아마존의 눈물」 등 꽤 비중 있는 다큐물뿐 아니라 드라마 촬영감독으로 활동 중이고, 두 번째 촬영자 조원열은 언론학과 학생이었는데, 나중에 「괴물」의 조감독이 되었습니다. 세 번째 촬영자 구재모는 공주영상대학 교수가 되었고, 마지막 촬영자 박경태는 「나와 부엉이」라는 작품으로 전주영화제에 등단했고, 독립영화감독으로 활동하고 있어요. 지금은 다섯 번째 촬영자로 합류한 성균관대 사회학과 출신 김우연과 함께 다큐 「사당동 더하기 33」(가제)을 준비 중입니다.

촬영했던 친구들이 다 잘되었네요?

조은   다큐 작업은 교수와 학생이 함께 일하며 배우는 아주 좋은 현장이지요. 동국대에서 제 마지막 강의는 "사회학은 현장이다"였어요. 흔히들 『사당동 더하기 25』를 25년간이나 같은 가족을 지켜봤다는 시간에 무게를 두고 평가해 주시는데, 저는 연구자와 연구 상대 간의 관계에 대한 성찰, 그리고 무엇보다도 연구자의 계급 기반에 대해 많은 질문을 하게 되었다는 점을 큰 수확으로 생각합니다. 삶의 경험이 다르고 계급이 다른 사람들을 연구하고 공부하면서 학문의 계급성에 대한 생각을 많이 하게 되었어요. 사당동 연구 덕분에 한국 사회에서 빈민가 출신 학자의 등장을 기대도 해 보고, 그런 배경의 사회학자가 같은 연구를 한다면 어떨까라는 질문도 하면서 인문학이나 사회과학 전반에 침투한 계급성을 수시로 묻고 들여다보게 되었지요.

분노를 합리적으로 발산할
기회를 주어야

하하, 그러고 보니 사당동이 조은의 평생교육의 장이었군요. 소설도 쓰신 걸로 아는데, 선생님이 생각하시는 인문학이란 무엇입니까?

조은　저는 비교적 학문 간 경계나 장르 간 경계를 넘나드는 데 주저함이 없는 편이에요. 전공을 바꾸어 온 역정이 이런 횡단을 쉽게 해 주는 면도 있고요. 한 주제를 평생의 연구 주제로 삼지만 그것이 꼭 하나의 전공으로 묶여야 할 이유는 없지요. 그런 점에서 최근 학문 흐름에서 통섭이 시도되는 것은 바람직하다고 생각합니다. 어떤 경우에도 인문학 교육은 기본이고, 한 사회의 지적·비판적 감수성을 확장하는 데 그 역할이 있는 것 아닐까요? 지식 축적보다 지적 감수성 확장이 필요하지요. 감수성이 확장되지 않으면 텍스트의 독해력도 떨어집니다. 저는 좋은 선생님들을 만나 비교적 감성 교육이나 지적 감수성을 키우는 교육을 잘 받았다고 생각합니다. 그럼에도 불구하고 우리 세대는 감성을 억누르고 비판적 예민함을 감춰야 했던 때가 많았던 것 같아요. 정치적으로 비판적 감수성은 거의 폭력적으로 억압되었죠. 인문학적, 사회과학적 상상력을 키워 주기보다는 억압한 거지요. 시대에 따라 허용되는 또는 허용되지 않는 감수성이 있다고 생각해요. 그 억압을 뚫고 인문학적 감수성을 키우도록 도와준 스승들에게 많은 빛을 졌다고 생각합니다.

'현장 사회학의 대가'로 평가받고 계신데, 최근의 촛불 집회를 어떻게 생각하시나요?

<u>조은</u>　　제 사무실이 광화문에 있어 매번 참가합니다. 참여 관찰도 하고 분노해야 할 때 분노할 수 있어야 저항적 합리성이 생긴다고 생각해요. 그동안 우리 안에 분노가 쌓였었는데, 그걸 분출할 수 없어서 '헬조선'이라는 자포자기성 시대어가 나온 거잖아요? 극심한 좌절의 표현이죠. '세월호'에 대해서는 뭐 더 말을 덧붙일 수도 없고……. 그런데 촛불 집회를 통해 드디어 합리성을 인정받으며 분노를 발산할 수 있는 기회가 생긴 거예요. 공분에 연대하고, 분노를 분출해서 이기는 경험은 개인적으로나 사회적으로 매우 중요합니다. 우리 세대는 6·25 전쟁 후 교육받은 세대인데, 어떤 면에서 제대로 된 논쟁과 정치적 승리의 경험을 거친 적이 별로 없어요. 어떤 사건이나 상황이 합리적 토론의 장이 되기보다는 정쟁의 장이었고, 기득권은 불리한

국면에서는 언제나 좌익 또는 빨갱이 몰이로 우리를 입막음시켰지요. 비합리적이고 폭력적인 이념 공세로 덮어 왔던 사회적 이슈에 다수가 "아니다!"라고 목소리를 낼 수 있는 광장이 등장하면서 일거에 국면을 전환시킨 것 같아요. 그동안 피 흘린 저항의 경험이 알게 모르게 축적된 결과이기도 하지요.

촛불 집회 후 사람들한테 활력이 생겼어요. 세계적인 록 페스티벌보다 더 축제 같았어요. 이런 걸 보고 자란 우리들의 다음 세대에게 민주 시민이 될 수 있는 엄청난 자산이 쌓인 겁니다. '분노는 나의 힘!'이라고 생각할 때가 있는데 (웃음) 촛불 집회는 일반 시민들이 감추어 온 '분노의 힘'이었다고 생각합니다. 분노를 숨죽이며 살아야 하는 사회는 병든 사회지요. 우리 집 애들이 때로 저를 신기해해요. 아직도 그렇게 분노할 힘이 있느냐고. "엄마는 분노할 일에 분노할 수 있을 때까지 살겠다."라고 대답했어요. 분노해야 할 때 분노도 못하면 그건 죽은 거잖아요? 저는 공분이 없는 사람과는 친구 안 합니다. (웃음)

인생에서 가장 뇌리에 남고 가슴에 사무치는 가르침이 있다면 어떤 것인가요?

<u>조은</u> 아흔 넘은 저희 어머니는 지금도 늘 "살고 나면 또 배울 것이 있더라."라고 하십니다. 사람은 결국 삶에서 배운다는 얘기지요. 저희 외할머니가 돌아가시면서 "산 것도 같고, 안 산 것도 같다."라고 하셨어요. 제가 30대 때 그 말을 들었을 때는 여든 넘게 사셨으면서 욕심이 많다고 생각했거든요. 그런데 지금은 이 말씀이 너무 이해가

가요. 텍스트의 해석력이라는 것은 삶의 역량만큼 가는 것이지요. 저는 평생학습의 가장 중요한 역할이 삶에서 오는 독해력을 키워 주는 것이라고 생각합니다. 살고 나면 또 배울 것이 있다는 이야기는 살면서 배운다는 뜻이기도 합니다. 저는 선각자이기 보다는 후각자예요. 늦게 깨닫는 편이죠. 살아 보거나 겪어 보고 나서 자기가 무엇을 해야 하는지, 할 수 있는지 아는 것 같아요. 삶에서 경험만 한 배움은 없는 것 같아요.

인터뷰를 끝내면서 조은 교수의 풋풋함은 어떤 일에 여전히 분노하고 아직도 경계를 횡단하는 호기심 때문일지도 모르겠다고 생각했다.

조한혜정

1948년 부산에서 태어나 이화여고를 졸업했다. 연세대 사학과를 졸업한 뒤 미국 미주리대학과 UCLA에서 문화인류학을 전공했다. 1979년 귀국해 연세대 사회학과와 문화인류학과 교수로 재직했다. 1980년대 초반부터 『또하나의문화』 동인으로 활동했으며, 대안교육에 관심을 기울여 왔다. 1999년 연세대와 서울시의 협력 사업의 하나로 '하자센터'를 만들 때 주도적 역할을 했다. 2013년부터는 서울 도심에 '마을살이'가 가능한 인프라를 만들어 내기 위한 자문 활동을 하고 있으며, 최근에는 위기에 처한 인류의 지속 가능한 삶을 고민하고 있는 문화인류학자이자 실천적 지식인이다. 저서로『한국의 여성과 남성』,『탈식민지 시대 지식인의 글 읽기와 삶 읽기 1~3』,『학교를 찾는 아이, 아이를 찾는 사회』,『가족에서 학교로 학교에서 마을로』,『자공공』 등이 있다.

'재산·학력 신수설(神授設)'이
나라 망치고 있다

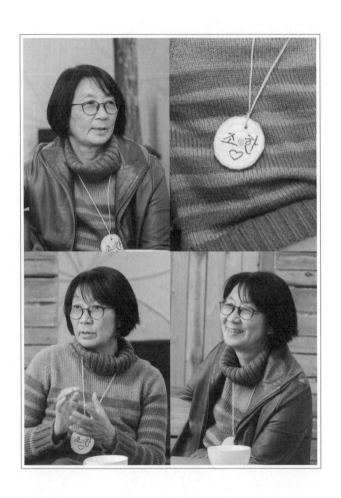

조한혜정   '재산·학력 신수설(神授設)'이
:   나라 망치고 있다

어디서 들은 이야기다. 공간을 가진 사회단체 혹은 공공 센터에서 자주 나오는 얘기 가운데 '우리도 하자센터 같은 걸 만들어 보자'는 의견이 많다는 것이다. 그러면 돌아오는 대답이 재미있단다.

"우리한텐 조한혜정이 없잖아."

조한혜정은 '하자센터'의 탄생에서부터 지금까지 누구도 대체할 수 없는 독보적 역할을 했다. 많은 대안학교와 직업학교가 탄생하며 하자센터를 '복제'하고 있지만, 하자센터에는 단지 겉모습만 베껴 답습해서는 만들기 쉽지 않은 독특한 가치관과 특별한 운영 방식이 그간의 세월에 녹아 있다. 하지만 하자센터는 공공 기관으로서 스스로를 오픈하고 '복제'해 가길 염원하는 '공공성'을 지향한다.

정식 명칭은 '서울시립청소년직업체험센터', 그러나 별명인 '하자센터'로 더 유명한 그곳에서 인터뷰 팀은 2017년 3월 15일 조한혜정 교수를 만났다.

하고 싶은 거 하자!
IMF가 만들어 낸 하자센터

'하자센터'는 어떻게 시작한 겁니까?

<u>조한혜정</u> IMF가 계기가 되었지요. IMF 당시 나도 충격을 받아서 안 가던 관에 자문을 하러 다니게 되었어요. 김대중 정권이 시작되던 때였는데, 문화관광부의 21세기문화정책위원회와 청소년정책자문위원회 같은 곳에 자문을 했습니다. 서울시실업대책위원회에서는 여성과 청소년 정책을 세우는 일에 관여하기도 했고요.

　그때 청년과 청소년들을 위한 특단의 시공간이 필요하다는 내 주장을 시에서 수용해 그러지 않아도 골칫거리였던 오래된 시설을 전환해 청소년 특화 시설로 만들기로 했어요. 옆에 있는 '청소년성문화센터', 남산의 '청소년미지센터', 그리고 '하자센터'가 그곳이지요. 공무원들이 좀처럼 창의적인 일을 안 하는데, 그때는 나라가 위기였잖아요? 여성·청소년대책위원장으로서 "앞으로 영화와 인터넷 등, 문화 산업이 나라 경제를 살릴 것."이라며 "대량 생산적 교육을 벗어나 다품종 소량 생산 체계에 맞는 교육을 해야 한다."라고 거듭 강조했지요. 「쥐라기 공원」으로 스필버그 한 사람이 벌어들인 돈이 현대자동차 1년 수출액과 맞먹는다는 이야기가 나돌던 때여서 그것이 먹혔던 겁니다.

　실제로 학교가 몸에 맞지 않는다며, 학생들이 수업 시간에 다들 자고 또 탈학교하는 학생들이 늘어나고 있었어요. 그래서 본격적으로 대안학교들을 둘러보기 시작한 것이지요. 일본 도쿄의 '슈레', 핀란드 '시니넨베르스타스', 미국 MIT 미디어랩이나 스탠포드 대학생들이 마련한 청소년작업장 등을 둘러보고 한국에 맞는 청소년센터는 어떤 것일지 여러 전문가, 청년 활동가들과 함께 연구하고 실험적 캠프도 벌였어요. 대대적으로 신문을 통해 여론화 작업도 펼쳤고요. 그렇게 해서 만들어 진 게 바로 '하자센터'입니다.

'서태지와 아이들'이 「교실 이데아」 같은 노래를 불러서 돌풍을 일으키고, 영화감독이나 디자이너가 되겠다는 청소년들이 많았던 때였어요. 하자센터를 영상, 디자인, 대중음악, 웹, 그리고 인문학 스튜디오를 중심으로 만들었는데, 그때 작업하러 온 학생들이 아주 많았고 그중에서 학교를 때려치우고 이곳에서 죽치고 작업을 하겠다는 학생들이 생겨서 자연스럽게 대안학교도 생겼지요. '하자작업장학교'는 그래서 생긴 겁니다. 여기서 하고 싶은 작업을 하다가 검정고시를 보거나 대학을 가기도 하고, 혹은 대학 안 가고 디자이너가 되기도 하고. 영국이나 미국 등의 영화 학교나 디자인 학교에 자기가 번 돈으로 가서 학위를 받고 온 친구들도 있습니다. 지금은 디자이너로 자리를 잡은 사람도 있고, 영화감독이 된 이들도 꽤 됩니다.

왜 '하자'지요?

<u>조한혜정</u> '하고 싶은 거 하자', '스스로 하자'가 이곳 모토라서 별명이 '하자센터'가 된 겁니다. 하자를 만든 이들이 모여서 토론하다가 나

온 예명, 별명이지요. 모든 게 자기의 동기로부터 시작하는 것이고, 하고 싶은 개인들이 모여서 작당을 하고 뜻을 모아 가면 된다는 것입니다. 하자센터에는 7가지 약속이 있는데 그 약속 중 첫 번째가 "하고 싶은 일을 하면서 하기 싫은 일도 할 거다."입니다. 화장실에 붙어 있는데 보셨지요? 한 십여 년 동안, 스스로 하고 싶은 게 있는 아이들이 많이 와서 들락거리며 다양한 문화 작업을 했어요.

그런데 2000년대 중반부턴 하고 싶은 게 있는 아이들이 점점 줄어드는 거예요. 생각해 보면 IMF 후 대안교육에 대한 열망이 커졌을 때, 정부에서 바우처(기존 학교를 다니지 않고 대안학교를 만들고자 하는 이들에게 학비를 개별적으로 주어서 대안학교를 만들게 하는 지원 제도)를 줘서 제대로 그런 변화의 방향을 지원했더라면, 그래서 전체 학교 중 5% 정도라도 대안학교로 전환을 했더라면, 현재 교육의 체질이 바뀌었을 겁니다. 그런데 당시 정부는 대안학교가 많아지면 기존 학교가 붕괴될 것 같으니까 바우처를 주지 않았어요. 그래서 결국 대안학교를 만들려면 부모들이 돈을 다 내서 공간도 마련해야 했고 운영비도 내야 하니까 커지지 못한 것이지요. 건물만이라도 지원해 줬다면 좋은 교육 내용이 나올 수 있었을 텐데, 나라에서 그것도 안 해 줬지요. 대안학교 중 가장 성공적이라고 하는 '성미산학교'마저도 빚을 많이 졌고 교사들 월급도 아주 적었어요. 그때 잠시 위기를 푸는 과정에 교장 노릇을 했는데, 부모들이 감당하지 않아도 될 것들을 너무 많이 감당하는 걸 봤지요.

이른바 엘리트들이 교육에 불만이 많으면 대안학교를 만드는 데

주력하면서 법도 바꾸고 해야 하는데, 그러지 않고 자기 아이들을 외국으로 보낸 것이 우리 교육이 바뀌지 않은 이유 중 하나라고 생각합니다. 결국 대안학교를 통한 교육 개혁의 기회를 놓친 셈이지요. 그 이후 사교육 시장이 극성을 부리면서 '매니저 맘'이 등장하고, "아이 성적은 엄마 성적"이라는 말이 나오기도 했지요. 한국의 제도 교육은 더욱 한 줄 세우기 입시 교육으로 치닫게 되었고요.

아이들은 기 센 부모들이 시키는 대로 해야 하고, 그래서 '하고 싶은 것이 없어진 존재'가 되어 가고 있어요. 경제 성장기에 자란 부모 세대와 달리 이 세대는 어릴 때 IMF 위기를 겪으며 세상이 좋아진다기보다 나빠진다는 것을 두려워하면서 자랐어요. 기존 학교만이 아니라 하자센터에도 꿈이 없는 아이들이 들어오기 시작합니다. 아이들의 무기력화가 큰 문제이고, 어떻게 아이들을 재활력화해 낼지가 사실상 청소년들과 지내는 담임이나 판돌(하자센터 스태프의 별칭, '판'을 만들고 돌린다는 의미로 청소년들의 사회적 활동을 위한 '판'을 벌이는 사람을 뜻함.)들의 주요 고민이 된 것이지요.

우정과 환대의 시공간,
수시로 오가는 마을

지금 하자센터는 어떤 식으로 구성되어 있습니까?
조한혜정　설립 초기 하자센터는 웹, 영상, 음악, 디자인, 시민 작업장 등 5개의 스튜디오로 운영됐어요. 각계각층의 사람들이 청소년들과 다양한 도제식 프로젝트를 진행하면서 창의적인 관계 맺기를 통한 상호 성장을 모색하던 곳이었죠. 이런 경험이 쌓여서 2001년에 하자 작업장학교를 개교했고, 이에 발맞춰 창업 인큐베이팅 프로젝트도 시작했습니다. 이 프로젝트로 시작한 사회적 기업 가운데 노리단이 있는데, 2007년에 법인을 설립한 노리단은 그해 문화·예술 분야 사회적 기업 1호로 인증받는 성과를 거두기도 했어요. 우리는 경제 체제가 바뀌어야 한다, 특히 사회적 경제 영역이 커져야 한다는 생각을 했습니다. 그래서 그런 활동을 지원하고 사회적 기업을 인큐베이팅했던 것이지요. 2009년, 사회적 기업 인큐베이팅 사업인 '창 프로젝트'를 시작한 것도 이런 맥락에서 이루어진 거예요. 그렇게 2010년쯤부터 하자센터에는 졸업생과 문화 작업장들이 중심이 된 여러 사회적 기업이 생겨났어요. 그리고 그 사회적 기업들이 대안학교를 만들었는데, '로드스꼴라', '영셰프스쿨', '유유자적살롱' 등이 그때 만들어진 작은 대안학교입니다.

'로드스꼴라'는 여행사에서 만든 학교예요. 신입생을 한 이십 명만 받는데 예를 들어 그 학년이 베트남에 간다고 하면 1년 동안 그 나라의 모든 것을 집중적으로 공부합니다. 경제와 역사와 사회, 그리고 말도 조금 배우고요. 사전 국내 여행도 많이 합니다. 그렇게 여러 가지 필요한 공부를 하면서 실제 여행을 계획하고, 표 사는 것부터 현지 콘택트까지 모두 직접 하면서 여행을 준비하지요. 철저하게 준비한 뒤 한 달 반 정도 여행을 합니다. 다녀오면 그 여행에 대해 분석하고 배운 것들을 나누면서 영상 만들어 발표하고 책을 내는 등 마무리 작업을 합니다. 졸업 후에는 대학 진학을 하거나, 여행사에 취직하거나, 여행을 더 하거나, 외국 교환 학생으로 가는 등 다양한 길을 선택하지요. '영셰프스쿨'도 사회적 기업 오가니제이션요리(일명 '오요리')에서 만든 학교이고, '유유자적살롱'(일명 '유자살롱')도 사회적 기업에서 만들었어요. '유자살롱'은 '무중력 청소년'이라고 해서 무기력한 청소년들이 하자에 와서 그냥 무기력하게 있고 싶으면 그렇게 있다가 충분히 쉰 뒤 슬슬 음악을 하는 그런 학교입니다.

최근에는 '오디세이학교'라고 서울시교육청에서 혁신교육의 일환으로 만든 학교도 하자센터에 들어와 있습니다. 현재 네 개의 실험학교가 진행 중인데 그중 하나이지요. 고교 1학년을 대상으로 하는 전환 학년제 학교로, 하자센터에 1년 동안 머물면서 아주 다른 배움을 경험하게 됩니다. 작년에 처음으로 입주했는데, 하자센터의 도움을 받으면서 신나게 한 학기를 보내고 갔어요. 아이들과 담임들 모두 만족스러워했죠. 올해 두 번째 학기가 시작됐습니다. 학생들이 자기 주도적으로 배우는 것을 경험하고, 다시 기존 학교에 돌아가도 관찰하는 힘을 키웠으니 잘 해내리라 생각합니다. 좀 다른 길을 찾아 떠나는 학생들은 그런 대로 제대로 길 찾기를 한 것이고요. 이런 실험적 교육에 많이들 참여하면 좋은데, 4차 산업 혁명 운운하면서도 이런 시도가 확대되기에는 시간이 좀 걸리는 것 같습니다.

하자센터에는 기존 학교의 아이들이 예약해서 직업 체험을 하러 오기도 합니다. 또 4월부터는 교육청의 '학부모 대학' 중 하나로, 하자캠퍼스에서 10주 간 새로운 배움의 장이 열릴 것이고요. 이른바 평생학습의 장인 것이지요. 어린아이들이 동네 장터도 열고 젖먹이 어머니들이 모여서 모임을 하기도 합니다. 요즘은 이렇게 다양한 연령대에 걸친 만남과 학습이 하자센터 안에 있는 '허브'라는 곳에서 많아지고 있습니다. 우리는 우정과 환대의 시공간이라고 부르지요.

하는 일이 아주 다양한데, 스태프는 몇 분이나 됩니까?

조한혜정 모두 39명이고, 그중 풀타임 인원이 29명입니다. 이곳은 퇴사하면 그만인 곳이 아니라, 사실 뜻을 공유하는 사람들이 오가는 곳이라 떠나도 수시로 오고, 또 학생이 판돌이 되기도 하고 수시로 자신들이 원하는 활동을 벌일 수도 있는 마을 같은 것이지요. 저도 가장 오래된 마을 주민으로, 이곳에 자주 와서 제가 도울 수 있는 것을 돕고 있어요. 그냥 장난처럼 '촌장님'이라고 부르기도 하는데, 마을의 어른이라는 의미로 그렇게들 부릅니다. 검도를 가르쳐 주시는 박홍이 연세대 물리학과 명예교수, 한국여성재단 조형 이화여대 명예교수, 천호균 쌈지 사장님 등 하자마을 연례행사에 와서 자문과 함께 덕담을 해 주시는 분들이 많습니다.

모든 창의적인 일의 시작,
남을 돕고자 하는 마음

한때는 대안학교, 대안교육이 큰 흐름을 만들기도 했는데, 요즘은 어떻습니까?

조한혜정 대안교육은 크게 두 가지 흐름이 있어요. 대안학교를 따로 운영하자는 쪽과 공립학교를 개혁하자는 혁신학교파가 있습니다. 일본의 사토 마나부 선생은 혁신학교를 이야기하면서 "그 학교는 아이들이 사는 집과 비슷할 것, 그리고 학습의 방법을 혁신할 것."을 주장했지요. 교수 방법은 '배움의 공동체'라는 방법인데, 4명의 학생을 묶어 토론하고 자발적으로 공부하게 만드는 것이 기본입니다. 이 안에서 교사는 초반에 5분 정도 아주 흥미로운 문제를 내는 사람이지요. 답을 주는 사람이 아니에요. 학생들이 충분히 스스로 생각하고 서로 협력하면서 배우게 하는 원리입니다. 예를 들어 선생님이 영어 문제를 냈는데, A라는 아이는 외국도 다녀오고 해서 답을 알아요. 그런데 그 아이는 수줍어서 말을 잘 못하는 아이이지요. B라는 아이는 발표하고 싶어 죽겠는데 잘 모르니까 동동거린단 말이에요. 그러면 보다 못한 A가 B를 가르쳐 주게 되거든요. 그러면서 그 수줍은 아이는 사회성을 키우게 되지요. 사람이 본래 가진 남을 돕고자 하는 마음에서 공부도 시작하고 모든 일이 시작되지요. 사실 B의 무지보다도, 말하지 않으려는 A의 마음이 더 큰 병일 수 있는데, 배움의 공동체에서 서로 영향을 주고받으며 치료되는 것입니다. 사토 마나부 선생의 배움의 공동체를 우리나라 '이우학교'가 받아들여서 실행하고 있어요.

요즘 사회가 양극화되어 문제다, 좌파가 문제다, 극우가 문제다 하는데, 저는 상위 중산층이 제일 문제라고 생각해요. 우리나라를 지탱하는 양대 축이 있잖아요? 재산 신수설과 학력 신수설. "내 아파트 내가 짓겠다는데 왜 말이 많냐?", "내 재산에 손대지 마라." 이렇게 말하면 아무도 뭐라고 할 수 없잖아요. 입시로 애들을 한 줄로 세우면 모든 것이 되는 것처럼 믿는 것이 학력 신수설입니다. 상위 중산층들은 양손에 이 두 개를 든 채 기회를 보고 있어요. 이들이 아니라면 잘못된 입시 제도가 어떻게 이렇게 긴 시간 버티겠어요?

하자센터와 함께 선생님을 이야기할 때 『또하나의문화』를 빼놓을 수 없는데요, 『또하나의문화』가 계간지였던가요?

<u>조한혜정</u>　아니, 무크지였지요. 의무적으로 꼭 내야 하는 게 싫어서, 준비되면 내는 걸로 1년에 1~2권 정도 나왔습니다. 『또하나의문화』(이하 『또문』)의 첫 책이 『평등한 부모 자유로운 아이』였어요. 부모가 평등하게 서로 협력하고 자기 의견을 내면서 아이를 키워야 아이도 자유롭게 잘 자란다는 내용이었지요. 그 이후 대안학교, 공동육아 등을 거론했습니다. 그 당시는 군부 독재 말기라, 조직화해서 군사 정권과 싸워야 하고 그것에 힘을 집결해야 하는데 『또문』은 너무 개인이라거나 문화를 이야기한다며 개량주의적이라고 욕을 먹기도 했습니다. 하지만 성숙한 시민은 개인에서 시작하고, 결국 그 길로 가야한다는 걸 믿고 있기 때문에 그런 비판에 크게 신경 쓰지 않았습니다. 타도 운동은 그걸 잘하시는 분들이 하시고, 우리는 그 운동에 동조하지만

'개인의 삶에서 시작하는 시민적 공공성을 만들어 내는' 운동을 해 나갔던 것입니다.

지금은 성폭력이 페미니즘에서 가장 중요한 이슈로 떠오르고 있지만 저희 때는 취직 문제와 시집살이가 중요 이슈였어요. 『또문』의 두 번째 책 『열린 사회, 자율적 여성』에서 그 부분을 다뤘지요. 당시만 해도 여자는 결혼하면 퇴사하는 문화였고, 혹시 맞벌이를 하더라도 시집 눈치를 보면서 전전긍긍했어요. 살림을 도맡아 하는 경우가 대부분이고. 그래서 저희는 호주제 폐지, 여성 채용 시 결혼 각서 폐지 등 남녀평등을 제도적으로 이끌어 내려 노력했습니다. 91년에 나온 『새로 쓰는 결혼 이야기』, 『새로 쓰는 성 이야기』는 꽤 많이 팔려서 저희 기준에선 돈도 좀 벌었어요. (웃음)

성이 '조한', 복수 성인데, 선생님이 거의 최초 아닌가요?

조한혜정 복수 성 쓰기는 의사들의 여아 낙태가 심각하다는 문제 제기를 계기로 시작되었어요. 당시 대구에서 세 번째 아이의 70%가 남자아이라는 통계가 나올 정도였으니까요. 그때 많은 페미니스트들이 부모 성 함께 쓰기 운동에 동참했어요.

복수 성 쓰기를 처음 접했을 때 신선한 충격이었습니다. 선생님을 따라 당시 제가 근무하던 『한겨레』 기자들이 복수 성을 많이 썼습니다. 특히 여기자들이요.

조한혜정 남자 기자들도 쓰시던데요. (웃음) 근데 요즘은 이렇게 쓰면 개페미라고 하더라고요. (웃음)

탄핵 이끌어 낸 촛불 집회,
'시민적 국민'의 탄생

어제 쓰신 칼럼에 "시민적 국민"이라는 개념을 쓰셨지요? '시민적 국민', 무슨 의미인가요?

<u>조한혜정</u>　그간 우리는 여러모로 국가주의적으로 동원된 국민이었잖아요? 마치 아픈 아버지가 살아만 있어 주면 좋다는 것처럼……. 주권을 찾은 것만으로 족하고, 국가가 국민을 위해 있다기보다 국가를 위해 뭔가를 해야 한다는 생각만. 그러면서 또 한번 국가를 믿지 못하는 양면성이 있었지요.

저희 외가가 적극적으로 독립운동을 한 집안인데, 나라에서 해 주는 거 하나 없어도 나라에 대한 사랑이 끔찍하시거든요. 그 후세대는 나라의 경제 발전에 발 벗고 동원이 되었지요. 뜻이 서로 맞았다고 할 수도 있어요. 영화 「국제시장」이 그 세대를 아주 잘 그려 주고 있어요. 애국가가 나오면 모두 멈춰 서서 국기에 대한 경례를 하던 국민이지요. 어릴 때부터 태극기 흔들고 국가에 동원되면서 그렇게 정신없이 굴러온 겁니다.

경제가 좋아지고 교육도 많이 받고 중산층이 늘어나면서, 시키는 대로 안 하고 자기 의견을 내며 사는 시민이 많아진 건 1990년대부터라고 생각합니다. 이른바 소비 사회와 일상의 민주화가 주제였던 시대이지요. 내 삶은 내가 결정한다는 게 기본이 되고, 개인이 중심이 되어 스스로 각성해 협력하는 사회가 되어야 하는 겁니다. 그렇게 자신으로부터 삶을 만들어 가고 그걸 국가적 삶에까지 연결하는 사람을 저는 '시민적 국민'이라고 부릅니다. 1990년대가 시민적 국민들이 등장해서 사회를 합리적이고 민주적으로 만들어 내는 시기였지요.

그렇게 가던 중 IMF 구제 금융 소식이 전해지고 국가 경제가 파탄 나게 됩니다. 다시 모두가 긴장하고 불안해져, 개별적 삶만 챙기게 되고 정부는 또 정부대로 독단적으로 가며 결국 제대로 시민적 힘을 키울 기회를 놓친 겁니다. 다시 가족으로 뭉치고 개인이 들어설 자리가 협소해지지요. 청년들이 결혼하지 않고 동거하면서 좀 자유롭게 살려고 해도, 집도 없다 보니 부모 말 들어야 하고……. 결국 돈 있는 부모 눈치를 보는 청년들이 늘어나고, 반면 부모의 도움이 없는 청년들은 생존이 어려워져 각자도생하게 되지요. 개개인이 무언가에 쫓기듯 피로한 삶에 매몰되어 사회를 일궈 가는 존재로서의 자기를 만들어 가지 못하고, 자신의 능력을 발휘하지도 못하게 됐지요.

「고양이를 부탁해」, 「봄날은 간다」, 「처녀들의 저녁 식사」 같은 영화가 나왔을 때가 바로 여자들이 "더 이상 못 참겠다.", "이 후진 나라를 떠나겠다." 하던 시기였지요. 우리 사회가 제대로 가는 사회였다면 그때 바로 대안학교들이 우후죽순 생기고, 평등한 연애와 결혼을 하는 남녀가 늘어나고, 경제 성장 제일주의에서 벗어나기 시작했을 겁니다. 여성들과 청소년들이 내 삶을 내가 살겠다고 나섰는데 사회가 열리지 않은 겁니다. 그 여성들이 부모가 되어 대안학교를 만들고,

공동육아를 시도했지만 사회 변화를 일으키기에는 역부족이었다고 할까요?

시민은 창의적으로 자신이 당면한 문제를 풀면서 사회를 바꾸어 내고 나라를 성숙하게 만들어 가는 주체입니다. 그런데 입시 교육이 변하지 않고 중앙 정치 권력이 너무 막강해서 시민적 영역을 열어 가지 못한 겁니다. 그렇지만 그런 열망을 안고 있었기에 이번에 광화문 광장의 사건이 터진 것이지요. 모두들 광장으로 나와 "이게 나라냐?" 하면서 문제 제기를 한 것이고, 헌정 질서를 지키지 않는 대통령을 탄핵함으로써 이제야 명실공히 근대 국가를 만들어 낸 것이지요. 촛불 혁명으로 시민적 국민이 본격적으로 탄생하는 시대가 열리기 시작했다고 봅니다.

박정희가 잘한 게 아니라
당신들이 잘한 겁니다

그러나 반대로 태극기 집회도 극렬하지 않습니까? 태극기 집회에 대해서는 어떻게 생각하시나요?

조한혜정 그곳에 나온 분들은 전쟁 등의 트라우마를 겪은 분들로서 그 시대의 틀 안에서 발언하고 있다고 생각합니다. 그들을 이용해서 어떻게든 정치 권력을 잡아 보려는 정치 공학적 세력이 실은 가장 큰 문제이지만, 여기서는 집회에 나온 자발적 참가자들을 생각해 보도록 하지요. 국민의 분열이라는 문제를 풀어야 하니까요. 실제로 집안에서도 세대 간 아주 다른 경험에서 나오는 갈등이 매우 심각하지 않습니까? 시민으로서 광화문 집회에 가지만 인류학자로서 태극기 집회도 관심 있게 보고 있는데요, 가 보면 온통 군가를 틀어 놓더군요. 군복 입은 이들이 많았고 간호 장교복을 입은 여성들도 모여 있었어요. 돈을 많이 번 보수적인 부자들도 변화를 두려워하면서 많이들 나온 것 같고. 어떤 할머니에게 어떻게 나오셨는지 물으니 "집에 있으면 몸만 아픈데 이렇게 광장에 나오니 너무 좋다. 자식들 있어도 말 한마디 안 붙여 준다."라고 서운해하시더군요. 사실 저희도 촛불 집회 가서 에너지를 얻잖아요? 만나고 싶은 사람 만나고, 맛있는 거 먹고. 태극기 집회도 마찬가지라고 생각해요.

태극기 집회의 핵심은 노년 세대 남자들인데 해방 후 월남한 분들, 그리고 6·25와 월남전에 참전했던 분들이 중심인 것 같습니다. 이분들은 자신들이 나라를 지켰다고 생각하고 바로 그 자부심으로 살고 있는데, 자녀 세대는 굳이 그것을 인정하고 싶지 않은 것이지요. 사실 모두가 행복하면 서로 고마워하겠지만 지금 한국 상황은 그렇지가 않아요. 승자 독식 사회가 되면서 돈 많은 부모 세대가 돈을 쥐고 있는 셈이고 그 아래 세대는 직장도 제대로 없는 상황이잖아요? 돈 많은 부모의 자식들은 그 부모에게 잘하지만 마음으로는 존경을 하지 않는 것이고, 부모 도움 없이 사는 청년들은 왜 이렇게 힘들게 살아야 하는지 납득이 되지 않고 분노가 쌓이게 되지요. 그간의 근대화가 그렇게 공평한 과정이 아니어서 사실상 모든 국민들이 화가 나 있다고 저는 생각해요.

촛불이 제대로 시민 혁명을 마무리하려면 그분들을 설득해야 해요. 「국제시장」이라는 영화를 두고 세대 갈등이 뚜렷한데, 그걸 나쁘게 볼 게 아니라 소통의 자료로 활용해야 한다는 생각입니다. '적폐청산'이라는 말을, 돈을 가진 노년 세대는 자기 재산을 뺏긴다는 말로 듣고 있는 겁니다. 기본적으로 우리 모두가 일정하게 소외와 박탈감과 공포의 느낌을 가지고 있는 것이지요. 그간 전쟁의 경험, 배고픔의 경험을 하신 분들에게 시대가 변했다는 것을 설명하지 않은 거예요. "박정희가 잘한 게 아니라 당신들이 잘한 겁니다."라고 이야기해 줘야 해요. 그런 언어가 나와야 하는데 그러지 못한 겁니다. 다들 너무 바쁘고 자기 세대 언어 만들기에 급급하거나 혼자 살기에 급급하다 보니 사회 자체가 깨진 것이지요.

교육 전문가이시니까, 다소 근본적 질문을 드리겠습니다. 사람이 배움이나 교육으로 바뀔 수 있나요?

조한혜정 당연하지요. 그 점에 확신이 없는 게 현재 우리 사회의 가장 큰 문제입니다. 사회는 도구적 합리성과 소통적 합리성의 영역으로 이루어지는데, 우리나라는 재력과 권력, 재산, 졸업장 등 도구적인 것에 지나치게 치중하는 불균형한 사회잖아요? 그래서 사람들이 '교육이 뭘 바꿀 수 있냐'며 자포자기해요. 소통적 합리성에 대한 감각조차 없는 것이지요. 무기력한 소통주의라고 할까······. 소통을 강조했던 『또문』이 일상적이고 지엽적인 문제만 다룬다고 비난을 받은 이유이기도 하고요.

　하지만 제도라는 것도 결국 사람들이 모여서 소통을 하면서 바꾸는 거예요. 저는 '재활력화(revitalize)'라는 단어를 쓰는데, 사회 변화란 결국 개개인이 재활력화하려 노력하는 와중에 이루어지는 겁니다. 하자센터만 봐도, 학교에 못 있겠다고 아이들이 튀어나온 거지요. 그 아이들이 두발 자율화 운동도 하고 온라인에서 학교를 고발하면서 자기 삶을 활기 있는 삶으로 만들어 보려고 한 거고요. 저는 그런 학생들을 보면서 하자센터 같은 곳이 필요하다고 제안을 한 것이고, 공무원이나 대학에서도 그 점을 감지했기에 결국 새로운 공간이 생긴 겁니다. 변화를 원하는 성원들의 목소리가 모여서 제도를 쉽게 바꿔 내면 그게 바로 좋은 사회인 것이지요.

　사람을 만나는 것, 사람들의 욕구의 흐름을 읽어 내는 것이 교육자의 가장 중요한 능력 아닌가요? 사람의 욕망을 보고, 사람이 변화하는 걸 보는 것이지요. 사회적 존재가 되는 사람을 키우는 거, 그게 교육입니다. 민주주의적 시민이기도 하고, 자기가 먹고살 것을 장만하는 생산적 노동자이기도 하고, 다른 사람들과 관계를 맺는 협력적 존재이자 자기 목소리를 멋지게 낼 줄 아는 예술적 존재이기도 하지요. 그 사람을 키우기 위해서는 기존 관습에 묶여서는 안 됩니다. '네 삶을 스스로 만들어 내고 너의 길을 네가 찾아야 한다'는 것을 깨닫게 하는 것이 교육이고 지금과 같은 난세에는 특히 그런 것이지요.

내 아이가 아니라
우리 아이가 잘되는 삶을 고민해야

저서가 많으십니다. 요즘은 어떤 책을 쓰고 계십니까?

<u>조한혜정</u>　손자와 놀고 요가를 하며, 유유자적하는 가운데 책을 낼 나이일 텐데, 그게 잘 안 되네요. 시국이 시국인지라. 지금은 국민과 시민과 난민에 대한 책을 마무리하고 있어요. 우리는 국민 국가 단위에서 산업화, 경제 성장을 했고, 세계화하면서 정보 사회, 소비 사회, 전 지구적 사회를 경험했잖아요. 이 근대 국가가 기후 변화, 핵 문제, 테러, 그리고 인간 자원 고갈 문제로 감당 못 할 리스크를 안고 있습니다. 점점 더 많은 사람이 샤워를 하고, 수세식 변소를 쓰고, 먼 데서 온 음식을 먹으면서 글로벌 산업 구조 속에 들어가는데 이 근대 국가는 이미 지속 가능한 체제가 아니거든요.

　1, 2차 세계 대전 때 유럽도 중산층이 많아져 소비가 늘어나고 개개인이 돈독에 오르지요. 그럴 때 불경기가 오고 실업자가 늘자 사회가 불안해진 가운데 독일에서 나치가 등장합니다. 지금 상황과 실은 매우 비슷한 데가 있어요. 미국도 백인 남성들의 백래쉬(backlash)가 시작되었고, 그 분노를 현실적으로 푸는 게 아니라 감정적으로 선전, 선동하면서 적개심을 부추기고 있잖아요? 한국은 이중 위험 사회라고, OECD 지표를 봐도 매우 불행한 일들이 벌어지는 나라가 되어가고 있어요. 4대강을 막무가내로 밀어붙이고 권력을 마음대로 휘두릅니다. 사실상 질서가 깨져 버리고 사람도 제대로 키우지 못하게 된

것이지요.

갑자기 개성공단을 닫아 버린다거나 국회 상정도 없이 일본군 위안부 관련 협정을 맺어 버린다거나 국정 교과서를 밀어붙인다거나⋯⋯. 이런 일은 있을 수가 없는 일이지요. 지난 몇 년 사이 우리나라의 도덕성은 무너지고, 도저히 이 나라는 미래가 없을 것 같다면서 해외로 떠난 청년들도 꽤 많아졌어요. 일종의 자발적 난민인 셈입니다. 그간 매우 합리적인 교육을 받고 그렇게 살았던 사람들에게는 견딜 수 없는 시스템이었던 겁니다.

한국의 경우, 특히 현재의 입시 교육 체제를 바꾸지 않으면, 결국 일도 못 하고 스스로 삶을 살아가지도 못하는 부담스러운 국민만 양산하게 됩니다. 「핸드 메이드」, 「설국열차」 같은 영화에 나오는 사회에 가까워지면서 결국 사람들을 쓰레기처럼 취급하는 상태로 가는 것이지요. 난민화된다는 게 그런 겁니다.

다행히 탄핵이 성공했고, 우리는 이 땅에서 문제를 해결할 가능성을 보게 된 것입니다. 떠난 사람들도 다른 나라에 가 보면 극우파가 난리를 치고, 인종 차별이 심하니까 어디나 비슷하다는 걸 알게 될 테고요. 우리는 국민에서 시민이 될까 말까 하다가 난민이 되려던 상황에서 탄핵을 둘러싼 시민들의 움직임을 통해 대단한 학습을 하고 있는 것이지요. 이제 근대적 제도화를 해내야 하는 때라고 생각합니다.

상황이 그렇다면 상당히 근원적인 해법이 필요한 것 아닌가요?

조한혜정 그래서 저는 요즘 해법으로 '마을학교'를 이야기합니다. 원

주나 강릉의 '날자방과후학교', 또는 '성미산마을' 같은 곳들을 가 보면 아주 잘하고 있지요. 거기 가면 아이들에게 "너넨 대단한 사람 될 필요 없다, 마을에서 계속 사는 방법을 연구하자." 이렇게 말하는 어른들이 많고, 자기 자식만이 아니라 다른 아이들의 미래도 함께 걱정합니다. 특히 공기 좋고 땅 있는 곳에서 함께 아이들을 키우고, 심부름도 시키고, 나중에는 서로에게 삼촌이 되어 주며 살자고 말합니다. 방과 후나 방학 때 좋은 프로그램을 만들어 운영하고, 아주 잘하고 있습니다. 다만 이런 마을의 부모들이 대부분 교사인데 그 직업적 안정성이 없어진다면 과연 마을학교를 확산할 수 있겠나 싶지만 어쨌든 운동이 시작된 것이지요.

'나'의 아이가 아니라 '우리'의 아이들을 어떻게 키울 수 있는가 고민하면 좋겠습니다. 제가 얘기하는 마을이란 옛날식 마을이 아니라, 서울의 '성미산마을'이나 인천의 '우리동네사람들' 또는 일본의 '애즈원커뮤니티'처럼 기본적으로 각자의 집에서 살면서도 걸어 다닐 수 있는 거리에 상부상조하는 네트워크가 생기는 형태를 말해요. 육아도 같이 하고 노인도 같이 돌보고 사회적 경제도 일으키고, 서로 돕는 삶의 형태이지요.

하자에서도 신관인 '허브'에서는 뜨개질하는 아줌마, 젖먹이 아기들도 오고, 어린이들이 길고양이를 돌보고 수시로 와서 놀고 서로 돕고, 청소년들이 거기 온 어른들과 이야기하면서 멘토를 찾게 되기도 하고 또 어린 동생 같은 동네 아이들을 자연스럽게 돌보기도 합니다. 그렇게 마을로 나아가는 것이 희망이 아닐까 합니다.

248

조한혜정 교수는 "시민은 자기로부터 시작해서 합리적으로 사유할 수 있는 존재."라고 말했다. 길게 보면 "우리 아이들을 어떻게 키울 수 있느냐에 대해 의견을 내놓을 수 있는 사람."이라고도 했다. 그의 관심은 여성에서 청소년을 거쳐 마을로 자연스럽게 옮겨 갔다. 모두 자신이 경험하고 선택하면서 활동해 온 궤적이다. 개인을 중심에 놓고, 자신이 원하는 일을, 해야 마땅하다고 생각하는 일을, 한눈팔지 않고 꾸준히 해 온 그의 삶의 궤적이 이날따라 귀하게 다가왔다.

모든 이가 스승이고, 모든 곳이 학교다
─우리 시대 멘토 11인의 평생 공부 이야기

초판 1쇄 발행 • 2017년 8월 25일
초판 6쇄 발행 • 2022년 8월 16일

기획 • 서울시평생교육진흥원
엮은이 • 김영철
펴낸이 • 강일우
책임편집 • 서대영
펴낸곳 • (주)창비교육
등록 • 2014년 6월 20일 제2014-000183호
주소 • 04004 서울특별시 마포구 월드컵로12길 7
전화 • 1833-7247
팩스 • 영업 070-4838-4938 / 편집 02-6949-0953
홈페이지 • www.changbiedu.com
전자우편 • textbook@changbi.com

ⓒ 서울시평생교육진흥원 2017
ISBN 979-11-86367-68-1 03370